中等职业教育

**改革创新**

系 列 教 材

FINANCIAL ACCOUNTING

# 税收基础

**张志波 武莉莉**

主编

**胡盼 段建峰**
**张瑞珍**

副主编

人民邮电出版社

北 京

**图书在版编目（CIP）数据**

税收基础 / 张志波，武莉莉主编. -- 北京 : 人民
邮电出版社，2024.4
中等职业教育改革创新系列教材
ISBN 978-7-115-63867-0

Ⅰ. ①税… Ⅱ. ①张… ②武… Ⅲ. ①税收管理—中
国—中等专业学校—教材 Ⅳ. ①F812.423

中国国家版本馆CIP数据核字(2024)第047657号

## 内 容 提 要

本书依据国务院印发的《国家职业教育改革实施方案》的要求，以财政部、国家税务总局全新修订颁布的税收法律法规为主要依据，针对中等职业学校学生的培养目标，按照办税员岗位工作内容，设置了税收概述、增值税、消费税、城市维护建设税及教育费附加、关税、企业所得税、个人所得税、财产和行为税 8 个学习单元。

本书既可作为中等职业学校财会类专业相关课程的教材，也可作为学生参加税务技能大赛和初级会计专业技术资格考试的参考书。

◆ 主　　编　张志波　武莉莉
　　副 主 编　胡　盼　段建峰　张瑞珍
　　责任编辑　王　振
　　责任印制　王　郁　彭志环
◆ 人民邮电出版社出版发行　　北京市丰台区成寿寺路 11 号
　　邮编　100164　电子邮件　315@ptpress.com.cn
　　网址　https://www.ptpress.com.cn
　　北京天宇星印刷厂印刷
◆ 开本：787×1092　1/16
　　印张：11.75　　　　　　　2024 年 4 月第 1 版
　　字数：200 千字　　　　　2024 年 4 月北京第 1 次印刷

定价：39.80 元

读者服务热线：(010)81055256　印装质量热线：(010)81055316
反盗版热线：(010)81055315
广告经营许可证：京东市监广登字 20170147 号

# FOREWORD

## 前　言

　　党的二十大报告指出，要全面贯彻党的教育方针，落实立德树人根本任务。《国家职业教育改革实施方案》中提出要按照专业设置与产业需求对接、课程内容与职业标准对接、教学过程与生产过程对接的要求，完善中等、高等职业学校课程设置标准。鉴于此，在全面贯彻党的二十大精神，遵循国家政策指引、税收法律法规的变化的前提下，为适应中等职业学校财经类专业课程教学的需要，我们编写了本书。本书有以下主要特点。

　　（1）在编写理念上，我们坚持落实立德树人根本任务，遵循中等职业学校财会类专业学生成长规律，以专业基础课为切入点，适应专业建设、课程建设、教学模式与方法改革创新等方面的要求。本书内容由校企共同开发，企业人员深度参与，体现了"以学生为中心"的职业教育理念和产教融合特征。

　　（2）在编写体例上，本书针对课程特点，采用"单元"体例，每个单元均下设学习任务，将税收理论知识分解嵌入到各个学习任务中。本书还设计了"相关链接""名词点击""试一试""议一议""记一记"等小栏目，增加了教材的趣味性与可读性。在"课后练习"部分，我们精心筛选了一定数量的习题，供学生检测学习效果。"税收历史专栏"则选取学生喜闻乐见的税收史实、趣闻，着力讲好中国税收故事。

　　（3）在内容选取上，本书设置了税收概述、增值税、消费税、城市维护建设税及教育费附加、关税、企业所得税、个人所得税、财产和行为税 8 个学习单元。同时，本书内容在符合国家教学标准的基础上与岗位实践、技能竞赛以及资格证书考试融为一体。为适应税收政策变化频繁的特点，本书依据最新税收法律法规编写。

本书由河北经济管理学校的张志波、浙江工商职业技术学院的武莉莉任主编，武汉市第一商业学校的胡盼、黑龙江省商务学校的段建峰、淄博职业学院的张瑞珍任副主编。

由于编者水平有限，书中难免存在不足之处，敬请广大读者批评指正。

编　者

2024 年 2 月

# CONTENTS

# 目　录

# 单元一

## 税收概述

俗话说"民以食为天，国以税为本"，税收作为国之血脉，乃国家兴旺之本。"税赋不丰，何以兴国；国家不兴，焉能富民"，在我国，国家、集体和个人之间的根本利益是一致的，税收的本质是"取之于民、用之于民、造福于民"。税收不仅与国家命运紧密相连，也与人民生活息息相关。我国已经进入中国特色社会主义新时代，税收作为国家财政收入的主要来源，在国家治理中的作用更加突出。学好税收，利国利民，大有可为！

### 🔒 素质目标

1. 培养学生爱岗敬业、诚实守信的职业道德
2. 培养学生遵纪守法、诚信纳税的意识
3. 培养学生的社会责任感

### 🔒 知识目标

1. 掌握税收的特征和职能
2. 掌握税收制度的构成要素
3. 了解税收的分类

本单元讲解税收概述，任务导图如图 1-1 所示。

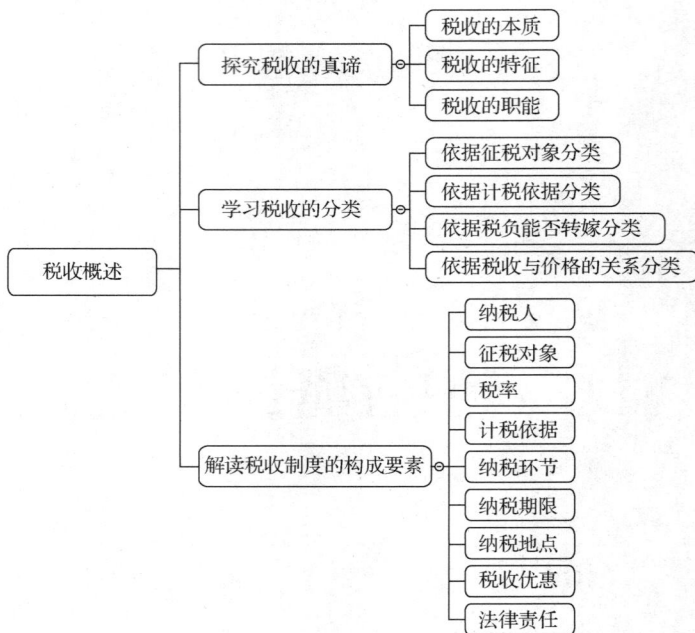

图 1-1　税收概述任务导图

## 任务一　探究税收的真谛

美国政治家本杰明·富兰克林曾经说过："人生中只有两件事不可避免，那就是死亡和纳税。"我们每个人一出生就和税收形影不离，税收存在于我们生活中的方方面面，小到购买柴米油盐，大到出行旅游、购买房产。

### 一、税收的本质

税收是国家为满足社会公共需要，凭借公共权力，按照法律所规定的标准和程序，参与国民收入分配，强制地、无偿地取得财政收入的一种方式。

国家为什么要征税呢？国家征税最直接的出发点是满足社会公共需要。我们的日常生活离不开粮食、衣服、汽车、住房等私人产品，同样我们也离不开国防、公共安全、社会秩序、义务教育等公共产品。私人产品可以由市场来提供，然而，铁路、公路、桥梁、路灯、绿地、排污管道等公共产品，由于其不可分割、很多人共同使用的属性，很难以个人购买、个人消费的方式来进行生产，即使能生产出来，也会因为成本太高导致市场上无人愿意生产。因此，公共产品一般由政府来提供。而政府本身不从事生产经营活动，不能创造财富，为公共产品筹集资金的方式就主要靠税收了。所以，税收是公民享受公共产品所支付的价格，这种价格的法律用语为"对价"，它与用钱去购买私人产品有着相似的道理。现代税收体现的是政府和人民之间的一种基于公共利益的交换关系，享受公共产品就必须纳税。在我国，税收"取之于民，用之于民"，依法纳税是公民的义务和责任。

### 🧑相关链接

国家的收入不仅仅包括税收。随着经济的发展，国家对收入的需求也越来越大。国家财政收入的来源有很多，除税收之外，还有国有资本经营的利润、国家发行债券取得的收入，以及罚没收入等。

国家凭借什么征税呢？税收同劳动工资、地租、商业利润、资本利息一样，都是一种分配方式，但它又不同于这些分配方式。主要区别在于，税收是国家以政府为征收主体，凭借政治权力进行的分配。任何分配都要发生财富所有权、占有权或支配权的转移，涉及相关方面的物质利益，这就决定了任何分配的实现都要以一定的权力为依托。那么，国家利用税收这种方式进行分配是凭借什么权力呢？我们知道，领取工资要凭借自己的劳动付出，领取存款利息需要自己将钱存入银行，领取股利需要购买股票，这些按照生产要素进行的分配都要凭借对某种生产要素占有的权力。国家利用税收的方式参与分配凭借的不是这些权力，而是凭借政治权力，即国家的权力。这种权力是全体公民因需要委托一个公共管理者管理公共事务而授予政府的。公民委托政府管理公共事务和向政府纳税是出于权利与义务的对等。国家公共权力要靠征税取得赖以存在的物质基础；同时，征税必须以各种强制性的公共权力为后盾。

税收分配的对象是什么？根据马克思的社会再生产理论，社会总产品的价值形态可分为两个部分：一部分是已消耗的生产资料转移的价值，这部分只能留在生产部门内部，用于重新购置生产资料，以保证简单再生产的进行，一般不进入分配领域，因此不属于纯粹意义上的分配；另一部分是劳动者新创造的价值，只有这一部分才有划分为不同份额并决定归谁占有的问题，因此，也只有这一部分才能成为税收分配的对象。而劳动者新创造的价值又包括必要产品价值和剩余产品价值两部分。必要产品价值归劳动者个人占有，用于个人消费以保证劳动力的再生产。剩余产品价值主要是在社会范围内分配，用于社会积累和社会消费，以满足扩大再生产和社会公共需要。税收是由社会公共需要引起的分配，因此，它分配的对象主要是剩余产品价值。随着社会的进步和经济的发展，个人收入渠道出现了多元化的趋势，来自这一部分的税收收入比重不断提高。

## 二、税收的特征

税收作为政府筹集财政收入的一种规范形式，具有区别于其他财政收入形式的特征。税收的特征可以概括为强制性、无偿性和固定性。

### （一）税收的强制性

税收的强制性是指国家凭借其公共权力以法律、法令形式对税收征纳双方的权利（权力）与义务进行制约，既不是由纳税主体按照个人意志自愿缴纳，也不是按照征税主体随意征税，而是依据法律进行征税。

### （二）税收的无偿性

税收的无偿性是指国家征税后，税款一律纳入国家财政预算，由财政统一分配，而不直接向具体纳税人返还或支付报酬。税收的无偿性是对个体纳税人而言的，其享有的公共利益与其缴纳的税款不一定对等，但就纳税人整体而言是对等的，政府使用税款的目的是向社会全体成员（包括具体纳税人）提供社会需要的公共产品和公共服务。因此，税收的无偿性表现为个体的无偿性、整体的有偿性。

### （三）税收的固定性

税收的固定性是指国家征税预先规定了统一的征税标准，包括纳税人、课税对象、税率、纳税期限和纳税地点等。这些标准一经确定，在一定时间内是相对稳定的，税务机关和纳税人共同遵守。对于纳税人来说，必须按照法律规定的数额缴纳税款，既不需要多缴，也不得少缴；作为税务机关，也只能按照法律规定的标准征收税款，既不准多征，也不得少征。

税收的"三性"相互联系、缺一不可。只有无偿征收，才能满足一般的社会公共需要。而要无偿取得税款，就必须凭借法律的强制性手段。固定性则是保证强制、无偿征收的适当限度的必然结果。

## 三、税收的职能

在悠悠的历史岁月中，税收扮演过不同的角色。不同的角色代表了不同的税收职能。现阶段，税收的主要职能是财政职能、经济职能和社会职能。让我们进一步走近现代税收，看看它是如何具体实现"取之于民、用之于民"的目标，发挥其职能的。

### （一）税收的财政职能

税收的财政职能一直是税收最为重要的职能。"赋税是喂养政府的奶娘。""赋税是政府机器的经济基础，而不是其他任何东西。"国家作为一个庞大的统治机器，需要获得充足的物质条件来管理日常行政事务、保障经济发展、促进文化昌盛、维护社会稳定、保护环境和自然资源，以实现其政治、经济、文化、社会、生态方面的稳定发展，而税收无疑是国家获得物质保障的前提。国家只有通过税收才能获得稳定而充足的财政资金。无论是古代的封建王朝，还是现代的民主国家，都离不开税收。如果失去了税收所提供的物质基础，国家就无法正常运转。因此，税收的财政职能是其首要职能，税收对确保国家长治久安具有重要作用。

### （二）税收的经济职能

在现代国家，税收的经济职能主要体现在宏观调控方面。政府通过税收政策优化资源配置，引导经济健康平稳发展。如果将国家经济比喻成一辆快速行驶的汽车，那么，税收就是这辆汽车的方向盘。政府可以根据经济形势"转动"税收这个"方向盘"，以适应并推动经济发展。

例如，政府通过对高投入、高能耗、高污染、低效益的企业多征税、征重税，从而使社会整体资源向绿色产业流动。又如，政府对科创企业实施鼓励和支持政策，主要包括减税、免税等税收优惠政策，目的是大力扶持科创企业的发展，推动"大众创业、万众创新"。

### （三）税收的社会职能

除了财政领域和经济领域，我们还可以在社会领域看到税收的身影。自国家产生以来，社会分配不公平的现象不可避免地出现。到了现代社会，国家会通过税收来促进社会分配的公平，这就是税收的社会职能。在税收的收入阶段，许多现代国家采取"高收入者多纳税、低收入者少纳税、无收入者不纳税"的策略，以此来缩小社会贫富差距。在税收的支出阶段，国家凭借对纳税人缴纳税款的再分配解决各类社会问题，例如帮扶困难群众、缓解人口老龄化问题等。

## 任务二 学习税收的分类

现阶段，我国共开征了 18 个税种，分别是增值税、消费税、关税、企业所得税、个人所得税、资源税、城镇土地使用税、耕地占用税、土地增值税、房产税、车船税、契税、车辆购置税、印花税、城市维护建设税、环境保护税、烟叶税、船舶吨税。这些税种依据不同的划分方法可以进行下列的分类。

### 一、依据征税对象分类

依据征税对象对税收进行分类是解决"对什么征税"的问题。不同的征税对象是一个税种区别于另一个税种的主要标志，也往往是税种名称的由来，标志着各个税种特定的功能和作用。因此，依据征税对象对税收进行分类是最重要、最基本的分类方法，其他税收分类方法都是以此为前提的。依据征税对象划分，我国目前的 18 个税种可以分为商品劳务税、所得税、财产和行为税三大类。

（1）商品劳务税。主要包括增值税、消费税、关税、城市维护建设税。

（2）所得税。主要包括企业所得税、个人所得税。

（3）财产和行为税。包括城镇土地使用税、房产税、车船税、印花税、耕地占用税、资源税、土地增值税、契税、环境保护税、烟叶税、车辆购置税、船舶吨税。

### 二、依据计税依据分类

依据计税依据对税收进行分类是解决"征税对象应纳税款"的计算问题，因为解决了"对什么征税"的问题以后必然要解决"如何计算缴纳税款"的问题。计税依据又称"税基"，我们以它为基础来计算应缴纳多少税款。依据计税依据划分，税收可以分为从价税和从量税。

（1）从价税是以征税对象的价值量（如销售收入、劳务收入、应纳税所得额）为标准，按照一定比例计算征收的一类税，如增值税、企业所得税等。

（2）从量税是按征税对象的重量、件数、容积、面积等为标准，按固定税额征收的一类税，如车船税、城镇土地使用税等。

### 三、依据税负能否转嫁分类

依据税负能否转嫁划分，税收可以分为直接税和间接税。

（1）直接税是指纳税人承担税负，不发生税负转嫁关系的一类税，如企业所得税、房产税等。

（2）间接税是可以将税负转嫁给他人，纳税人只是间接地承担税款的一类税，如增值税、消费税、关税等。

## 四、依据税收与价格的关系分类

依据税收与价格的关系划分，税收可以分为价内税和价外税。

（1）价内税的税款是作为征税对象的商品或劳务的价格的有机组成部分，消费者对转嫁给自己的税收负担难以感知；而且，随着商品的流转，会出现"税上加税"的重复征税问题，如消费税。

（2）价外税是税款独立于征税对象的价格之外的一类税，如增值税。在发票上，消费者能够清楚地知道商品和服务本身的价格是多少，税款是多少。价外税一般不存在重复征税问题。

## 任务三 解读税收制度的构成要素

税收制度的构成要素，又称税制要素，是指构成一国税制的基本要素，尤其是构成税种的基本元素，也是进行税收理论分析和税收设计的基本工具。税收制度的构成要素包括纳税人、征税对象、税率、计税依据、纳税环节、纳税期限、纳税地点、税收优惠和法律责任等。其中纳税人、征税对象和税率为税收制度的基本因素。

## 一、纳税人

纳税人即纳税主体，又称纳税义务人，是指直接负有纳税义务的法人、自然人及其他组织。

与纳税人相联系的另一个概念是扣缴义务人。扣缴义务人是税法规定的，在其经营活动中负有代扣税款并向国库缴纳义务的单位。扣缴义务人必须按照税法规定代扣税款，并在规定期限缴入国库。

## 二、征税对象

征税对象即纳税客体，又称课税对象，是指税收法律关系中征纳双方权利、义务所指向的对象。不同的征税对象又是区分不同税种的重要标志。

税目是税法中具体规定的应当征税的项目，它是征税对象的具体化。规定税目一是为了明确征税的具体范围；二是为了对不同的征税项目加以区分，从而制定高低不同的税率。例如，消费税具体规定了烟、酒等 15 个税目。

## 三、税率

税率是对征税对象规定的征收比例或征收额度。税率是计算税额的尺度，也是衡量纳税人税收负担的重要标志。税率是税收法律制度的核心要素。我国现行使用的税率主要有比例税率、定额税率、超额累进税率、超率累进税率。适用超额累进税率的税种是个人所得税，适用超率累进税率的税种是土地增值税。

## 四、计税依据

计税依据是指计算应纳税额的依据或标准，即根据什么来计算纳税人应缴纳的税额，一般有从价计征和从量计征两种。从价计征，是以计税金额为计税依据，计税金额是指征税对象的数量乘以计税价格的数额。从量计征，是以征税对象的重量、体积、数量等为计税依据。

## 五、纳税环节

纳税环节主要指税法规定的征税对象在从生产到消费的流转过程中应当缴纳税款的环节。

## 六、纳税期限

纳税期限是指纳税人按照税法规定缴纳税款的期限。如增值税的纳税期限分别为 1 日、3 日、5 日、10 日、15 日、1 个月或 1 个季度。

## 七、纳税地点

纳税地点主要是指根据各个税种征税对象的纳税环节和有利于对税款的源泉控制而规定的纳税人（包括代征、代扣、代缴义务人）的具体纳税地点。

## 八、税收优惠

税收优惠是指国家对某些纳税人和征税对象给予鼓励和照顾的一种特殊规定。制定这种特殊规定，一方面是为了鼓励和支持某些行业或项目的发展，另一方面是为了照顾某些纳税人的特殊困难。税收优惠主要包括以下内容。

（1）减税和免税。减税是指对应征税款减少征收部分税款。免税是指对按规定应征收的税款给予免除。减税和免税具体又分两种情况：一种是税法直接规定的长期减免税项目；另一种是依法给予的一定期限内的减免税措施，期满之后仍依规定纳税。

（2）起征点。起征点也称征税起点，是指对征税对象开始征税的数额界限。征税对象的数额没有达到规定起征点的不征税；达到或超过起征点的，就其全部数额征税。

（3）免征额。免征额是指对征税对象总额中免予征税的数额，即对纳税对象中的部分给予减免，只就减除后的剩余部分计征税款。

# 九、法律责任

法律责任是指对违反国家税法规定的行为人采取的处罚措施，一般包括违法行为和因违法而应承担的法律责任两部分内容。违法行为是指违反税法规定的行为，包括作为和不作为。因违反税法而应承担的法律责任包括行政责任和刑事责任。纳税人和税务人员违反税法规定，都将依法承担法律责任。

## 课后练习

### 一、单项选择题

1. 根据税收法律制度的规定，下列各项中，属于国家征税目的的是（　　）。

　　A．增加财政收入　　　　　　B．参与社会产品分配

　　C．满足社会公共需要　　　　D．调节经济

2. 根据税收法律制度的规定，下列权力中，国家征税凭借的是（　　）。

　　A．经济权力　　B．财产权力　　C．军事权力　　D．公共权力

3. 下列税种中，不属于商品劳务税的是（　　）。

　　A．增值税　　　B．消费税　　　C．关税　　　　D．企业所得税

4. 根据税收法律制度的规定，纳税人是指（　　）。

　　A．直接负担税款的单位和个人

　　B．直接负有纳税义务的单位和个人

　　C．最终负担税款的单位和个人

　　D．负有代扣代缴税款义务的单位和个人

5. 下列税制要素中，属于区分不同税种主要标志的是（　　　）。

    A. 税目　　　　B. 征税对象　　　C. 纳税地点　　　D. 纳税义务人

6. 下列税制要素中，属于衡量纳税人税收负担的重要标志的是（　　　）。

    A. 纳税期限　　B. 减税免税　　　C. 税率　　　　D. 纳税环节

## 二、多项选择题

1. 根据税收法律制度的规定，下列各项中，属于税收特征的有（　　　）。

    A. 非惩罚性　　B. 固定性　　　　C. 强制性　　　D. 无偿性

2. 下列税率形式中，我国现行税收法律制度适用的有（　　　）。

    A. 全额累进税率　　　　　　　　B. 定额税率

    C. 超额累进税率　　　　　　　　D. 比例税率

3. 依据税负能否转嫁分类，税收可以分为（　　　）。

    A. 价内税　　　B. 价外税　　　　C. 直接税　　　D. 间接税

---

👉 **税收历史专栏**

### 税收发展历程

追根溯源，税收历史同国家历史一样久远。早在公元前 3 000 多年两河流域（幼发拉底河与底格里斯河）建立的奴隶制城市国家里，村社农民就开始向国家纳税，服路役（修建宫殿、寺庙和水利工程）。

在公元前 6 世纪至前 5 世纪的古罗马奴隶制公社时期，平民阶层需要给城市公社纳税与服兵役。在公元前 594 年的古希腊，雅典在经历梭伦改革后，开始按土地收获量征收土地税，而且还凭借其海上霸权向海上同盟国收取贡金。

在中国，税收已经有 4 000 多年的历史了。

在远古的舜帝时期，部落联盟要求臣服的部落和被保护的小部落贡献财物，同时部落内部的人也要缴纳土地出产物。后来大禹"任土作贡，分田定赋，什一而税"，凭借公共权力征收土地出产物，历史上称之为"贡"，首开了我国土地税征收的先河，是我国税收的雏形。

到了商朝采用"助"的形式收税，就是奴隶主强迫奴隶帮助其耕种公田，实际上是一种借民力助耕的劳役地租。

周朝以"彻"的形式收税。"彻"的意思就是抽取，是按一定的比例对农民收获物进行抽取，实际是一种实物地租。

春秋时期的鲁国，于公元前 594 年实行了"初税亩"，规定不论公田、私田一律按田亩征税，这是我国历史上首次承认土地私有权，它标志着我国税收制度的正式形成，也是我国从奴隶制赋税向封建制赋税转化的开端。

在我国几千年的奴隶社会、封建社会中，税收大部分以实物形式出现，比如征收粟、米、布、绢、草等，这叫实物税。也有以力役形式征收的，还有以货币形式征收的。

我国税收制度和政策措施也随着社会经济的发展在不断地发生变化。比较著名的有：鲁国的"初税亩"，秦国的"商鞅变法"，北魏时期的"租调制"和"均田制"，隋唐时期的"租庸调制"，唐朝杨炎推行的"两税法"，北宋王安石的"方田均税法"，明朝实施的"一条鞭法"，清朝实施的"摊丁入亩法"等。这些措施都在不同程度上探索和完善着税收制度。

辛亥革命推翻了封建帝制，民国时期逐渐建立了带有资本主义性质的税收制度。新中国的税收制度是在 1950 年建立的。改革开放以来，通过八十年代初期的"利改税"和九十年代的工商税收制度全面改革，我国基本建立了适应我国国情的税收制度。

# 单元二

## 增值税

　　1954 年，法国政府率先采用增值税并取得成功，之后增值税在很短的时间内就以其独有的魅力和优势风靡全球。我国自 1979 年引入增值税，至今已历经 40 余年。增值税由在个别城市、个别产品试点发展到如今在工商业和服务业全面实施，其已经成为我国最主要的税种之一。增值税是我们在生活中接触最广泛的税种之一，每当我们消费后开具发票时，就能看到增值税的身影。其实，增值税存在于商品与服务的各个交易环节。一件商品从原材料阶段到抵达最终的消费者手上，中间要经历生产、流通、销售等许多环节。为了赚取利润，后一个环节的商家要以高于成本的价格将商品贩卖给下一个环节的商家，每一次交易都会使这件商品的价格比之前增加一些，对价格增加的部分征收的税就是增值税。

## 素质目标

1. 培养学生爱岗敬业、诚实守信的职业道德
2. 培养学生遵纪守法、诚信纳税的意识
3. 培养学生的社会责任感

## 🔒 知识目标

1. 掌握增值税的征税范围、纳税人
2. 了解增值税的税率、税收优惠
3. 熟悉增值税的征收管理

## 🔒 能力目标

1. 会计算增值税的应纳税额
2. 能解读《增值税及附加税费申报表》

本单元讲解增值税，任务导图如图 2-1 所示。

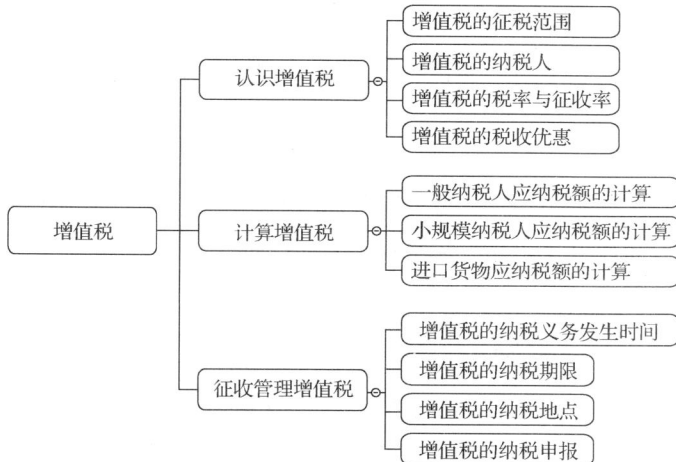

图 2-1　增值税任务导图

## 任务一　认识增值税

　　我国于 1979 年开始试行增值税，并且进行了多次重要改革，现行的增值税制度是以 1993 年 12 月 13 日国务院颁布的《中华人民共和国增值税暂行条例》为基础的。2008 年 11 月 5 日，国务院修订并重新公布了《中华人民共和国增值税暂行条例》(以下简称《增值税暂行条例》)，自 2009 年 1 月 1 日起实行消费型增值税。自 2012 年 1 月 1 日起，在上海市开展交通运输业和部分现代服务业营业税改征增值税试点，直到 2016 年 5 月 1 日，营业税正式退出历史舞台。

# 一、增值税的征税范围

凡在中华人民共和国境内发生销售货物，销售加工、修理修配劳务，销售服务，销售无形资产，销售不动产（以下简称"应税销售行为"）以及进口货物的行为，均属于增值税征税范围。

## （一）销售货物

货物，是指有形动产，包括电力、热力、气体在内。销售货物，是指有偿转让货物的所有权。有偿，是指从购买方取得货币、货物或者其他经济利益。

## （二）销售加工、修理修配劳务

加工，是指受托加工货物，即委托方提供原料及主要材料，受托方按照委托方的要求，制造货物并收取加工费的业务。修理修配，是指受托对损伤和丧失功能的货物进行修复，使其恢复原状和功能的业务。

## （三）销售服务

销售服务，是指提供交通运输服务、邮政服务、电信服务、建筑服务、金融服务、现代服务、生活服务等。

### 1. 交通运输服务

交通运输服务，是指利用运输工具将货物或者旅客送达目的地，使其空间位置发生转移的业务活动，包括陆路运输服务、水路运输服务、航空运输服务和管道运输服务。

（1）陆路运输服务，是指通过陆路（地上或者地下）运送货物或者旅客的运输业务活动，包括铁路运输服务和其他陆路运输服务。

（2）水路运输服务，是指通过江、河、湖、川等天然、人工水道或者海洋航道运送货物或者旅客的运输业务活动。

（3）航空运输服务，是指通过空中航线运送货物或者旅客的运输业务活动。

（4）管道运输服务，是指通过管道设施输送气体、液体、固体物质的运输业务活动。

> **记一记**
>
> 出租车公司向使用本公司自有出租车的出租车司机收取的管理费用，按照陆路运输服务缴纳增值税。
>
> 无运输工具承运业务，按照交通运输服务缴纳增值税。

### 2. 邮政服务

邮政服务，是指中国邮政集团公司及其所属邮政企业提供邮件寄递、邮政汇兑和机要通信等邮政基本服务的业务活动，包括邮政普遍服务、邮政特殊服务和其他邮政服务。

（1）邮政普遍服务，是指函件、包裹等邮件寄递，以及邮票发行、报刊发行和邮政汇兑等业务活动。

（2）邮政特殊服务，是指义务兵平常信函、机要通信、盲人读物和革命烈士遗物的寄递等业务活动。

（3）其他邮政服务，是指邮册等邮品销售、邮政代理等业务活动。

### 3. 电信服务

电信服务，是指利用有线、无线的电磁系统或者光电系统等各种通信网络资源，提供语音通话服务，传送、发射、接收或者应用图像、短信等电子数据和信息的业务活动，包括基础电信服务和增值电信服务。

（1）基础电信服务，是指利用固网、移动网、卫星、互联网，提供语音通话服务的业务活动，以及出租或者出售带宽、波长等网络元素的业务活动。

（2）增值电信服务，是指利用固网、移动网、卫星、互联网、有线电视网络，提供短信和彩信服务、电子数据和信息的传输及应用服务、互联网接入服务等业务活动。

### 4. 建筑服务

建筑服务，是指各类建筑物、构筑物及其附属设施的建造、修缮、装饰，线路、管道、设备、设施等的安装以及其他工程作业的业务活动，包括工程服务、安装服务、修缮服务、装饰服务和其他建筑服务。

（1）工程服务，是指新建、改建各种建筑物、构筑物的工程作业，包括与建筑物相连的各种设备或者支柱、操作平台的安装或者装设工程作业，以及各种窑炉和金属结构工程作业。

（2）安装服务，是指生产设备、动力设备、起重设备、运输设备、传动设备、医疗实验设备以及其他各种设备、设施的装配、安置工程作业，包括与被安装设备相连的工作台、梯子、栏杆的装设工程作业，以及被安装设备的绝缘、防腐、保温、油漆等工程作业。

（3）修缮服务，是指对建筑物、构筑物进行修补、加固、养护、改善，使之恢复原来的使用价值或者延长其使用期限的工程作业。

（4）装饰服务，是指对建筑物、构筑物进行修饰装修，使之美观或者具有特定用途的工程作业。

（5）其他建筑服务，是指上列工程作业之外的各种工程作业服务，如钻井（打井）、拆除建筑物或者构筑物、平整土地、园林绿化、疏浚（不包括航道疏浚）、建筑物平移、搭脚手架、爆破、矿山穿孔、表面附着物（包括岩层、土层、沙层等）剥离和清理等工程作业。

> **记一记**
>
> 固定电话、有线电视、宽带、水、电、燃气、暖气等经营者向用户收取的安装费、初装费、开户费、扩容费以及类似收费，按照安装服务缴纳增值税。
>
> 修理修配有形动产，按照修理修配劳务缴纳增值税；修缮建筑物、构筑物等不动产，按照修缮服务缴纳增值税。

### 5. 金融服务

金融服务，是指经营金融保险的业务活动，包括贷款服务、直接收费金融服务、保险服务和金融商品转让。

（1）贷款服务，是指将资金贷与他人使用而取得利息收入的业务活动。

各种占用、拆借资金取得的收入，包括金融商品持有期间（含到期）利息（保本收益、报酬、资金占用费、补偿金等）收入、信用卡透支利息收入、买入返售金融商品利息收入、融资融券收取的利息收入，以及融资性售后回租、押汇、罚息、票据贴现、转贷等业务取得的利息及利息性质的收入，按照贷款服务缴纳增值税。

> **议一议**
>
> 小王到银行申请购房贷款，工作人员调出他的个人征信报告后，告诉他现在无法从任何一家银行贷到款，原因是他在中国银行的信用卡有多次逾期还款记录。由于有不守信用的记录，小王贷款购房计划暂时破灭。
>
> 联系身边事例，议一议诚信在金融生活中的重要性。

（2）直接收费金融服务，是指为货币资金融通及其他金融业务提供相关服务并且收取费用的业务活动，包括提供货币兑换、账户管理、电子银行、信用卡、信用证、财务担保、资产管理、信托管理、基金管理、金融交易场所（平台）管理、资金结算、资金清算、金融支付等服务。

（3）保险服务，是指投保人根据合同约定，向保险人支付保险费，保险人对于合同约定的可能发生的事故因其发生所造成的财产损失承担赔偿保险金责任，或者当被保险人死亡、伤残、疾病或者达到合同约定的年龄、期限等条件时承担给付保险金责任的商业保险行为，包括人身保险服务和财产保险服务。

（4）金融商品转让，是指转让外汇、有价证券、非货物期货和其他金融商品所有权的业务活动。其他金融商品转让包括基金、信托、理财产品等各类资产管理产品和各种金融衍生品的转让。

### 6. 现代服务

现代服务，是指围绕制造业、文化产业、现代物流产业等提供技术性、知识性服务的业务活动，包括研发和技术服务、信息技术服务、文化创意服务、物流辅助服务、租赁服务、鉴证咨询服务、广播影视服务、商务辅助服务和其他现代服务。

（1）研发和技术服务，包括研发服务、合同能源管理服务、工程勘察勘探服务、专业技术服务。

（2）信息技术服务，包括软件服务、电路设计及测试服务、信息系统服务、业务流程管理服务和信息系统增值服务。

（3）文化创意服务，包括设计服务、知识产权服务、广告服务和会议展览服务。

（4）物流辅助服务，包括航空服务、港口码头服务、货运客运场站服务、打捞救助服务、装卸搬运服务、仓储服务和收派服务。

（5）租赁服务，包括融资租赁服务和经营租赁服务。

> **记一记**
>
> 将建筑物、构筑物等不动产或者飞机、车辆等有形动产的广告位出租给其他单位或者个人用于发布广告，按照经营租赁服务缴纳增值税。
>
> 车辆停放服务、道路通行服务（包括过路费、过桥费、过闸费等）等按照不动产经营租赁服务缴纳增值税。

（6）鉴证咨询服务，包括认证服务、鉴证服务和咨询服务。

（7）广播影视服务，包括广播影视节目（作品）的制作服务、发行服务和播映（含放映）服务。

（8）商务辅助服务，包括企业管理服务、经纪代理服务、人力资源服务、安全保护服务。

（9）其他现代服务，是指除研发和技术服务、信息技术服务、文化创意服务、物流辅助服务、租赁服务、鉴证咨询服务、广播影视服务和商务辅助服务以外的现代服务。

### 7. 生活服务

生活服务，是指为满足城乡居民日常生活需求提供的各类服务活动，包括文化体育服务、教育医疗服务、旅游娱乐服务、餐饮住宿服务、居民日常服务和其他生活服务。

（1）文化体育服务，包括文化服务和体育服务。

（2）教育医疗服务，包括教育服务和医疗服务。

（3）旅游娱乐服务，包括旅游服务和娱乐服务。

（4）餐饮住宿服务，包括餐饮服务和住宿服务。

（5）居民日常服务，是指主要为满足居民个人及其家庭日常生活需求提供的服务，包括市容市政管理、家政、婚庆、养老、殡葬、照料和护理、救助救济、美容美发、按摩、桑拿、氧吧、足疗、沐浴、洗染、摄影扩印等服务。

（6）其他生活服务，是指除文化体育服务、教育医疗服务、旅游娱乐服务、餐饮住宿服务和居民日常服务之外的生活服务。

> **试一试**
>
> 根据增值税法律制度的规定，下列各项中，应按"销售服务—生活服务"缴纳增值税的是（　　　）。
>
> A．铁路运输服务　　　　　　　B．基础电信服务
>
> C．物流辅助服务　　　　　　　D．旅游娱乐服务

## （四）销售无形资产

销售无形资产是指转让无形资产所有权或者使用权的业务活动。无形资产，是指不具有实物形态，但能带来经济利益的资产，包括技术、商标、著作权、商誉、自然资源使用权和其他权益性无形资产。

技术，包括专利技术和非专利技术。

自然资源使用权，包括土地使用权、海域使用权、探矿权、采矿权、取水权和其他自然资源使用权。

其他权益性无形资产，包括基础设施资产经营权、公共事业特许权、配额、经营权（包括特许经营权、连锁经营权、其他经营权）、经销权、分销权、

代理权、会员权、席位权、网络游戏虚拟道具、域名、名称权、肖像权、冠名权、转会费等。

## （五）销售不动产

销售不动产，是指转让不动产所有权的业务活动。不动产，是指不能移动或者移动后会引起性质、形状改变的财产，包括建筑物、构筑物等。

建筑物，包括住宅、商业营业用房、办公楼等可供居住、工作或者进行其他活动的建造物。

构筑物，包括道路、桥梁、隧道、水坝等建造物。

> **记一记**
>
> 转让建筑物有限产权或者永久使用权的，转让在建的建筑物或者构筑物所有权的，以及在转让建筑物或者构筑物时一并转让其所占土地的使用权的，按照销售不动产缴纳增值税。

## （六）进口货物

进口货物，是指申报进入我国海关境内的货物。根据《增值税暂行条例》的规定，只要是报关进口的应税货物，均属于增值税的征税范围，除享受免税政策外，在进口环节缴纳增值税。

## （七）视同销售货物行为

单位或者个体工商户的下列行为，视同销售货物，征收增值税。

（1）将货物交付其他单位或者个人代销。

（2）销售代销货物。

（3）设有两个以上机构并实行统一核算的纳税人，将货物从一个机构移送其他机构用于销售，但相关机构设在同一县（市）的除外。

（4）将自产、委托加工的货物用于非增值税应税项目。

（5）将自产、委托加工的货物用于集体福利或者个人消费。

（6）将自产、委托加工或者购进的货物作为投资，提供给其他单位或者个体工商户。

（7）将自产、委托加工或者购进的货物分配给股东或者投资者。

（8）将自产、委托加工或者购进的货物无偿赠送给其他单位或者个人。

---

**试一试**

根据增值税法律制度的规定，下列情形中，应视同销售货物征收增值税的有（ ）。

A. 甲公司将外购的食用植物油作为春节福利发给单位员工
B. 乙公司将委托加工收回的月饼赠送给客户
C. 丙公司将新研发的玩具交付某商场代销
D. 丁公司将外购的矿泉水无偿赠送给其他单位

---

### （八）视同销售服务、无形资产或不动产行为

下列情形视同销售服务、无形资产或者不动产，征收增值税。

（1）单位或者个体工商户向其他单位或者个人无偿提供服务，但用于公益事业或者以社会公众为对象的除外。

（2）单位或者个人向其他单位或者个人无偿转让无形资产或者不动产，但用于公益事业或者以社会公众为对象的除外。

（3）财政部和国家税务总局规定的其他情形。

### （九）不征收增值税项目

以下为不征收增值税项目。

（1）根据国家指令无偿提供的铁路运输服务、航空运输服务，属于《营业税改征增值税试点实施办法》规定的用于公益事业的服务。

（2）存款利息。

（3）被保险人获得的保险赔付。

（4）房地产主管部门或者其指定机构、公积金管理中心、开发企业以及物业管理单位代收的住宅专项维修资金。

（5）在资产重组过程中，通过合并、分立、出售、置换等方式，将全部或者部分实物资产以及与其相关联的债权、负债和劳动力一并转让给其他单位和个人，其中涉及的不动产、土地使用权转让行为。

## 👤 二、增值税的纳税人

在中华人民共和国境内销售货物或者加工、修理修配劳务，销售服务、无形资产、不动产以及进口货物的单位和个人，为增值税的纳税人。

根据纳税人经营规模及会计核算健全程度的不同，增值税纳税人可分为

小规模纳税人和一般纳税人。纳税人应税行为的年应征增值税销售额（以下简称"年应税销售额"）超过财政部和国家税务总局规定标准的纳税人为一般纳税人，未超过规定标准的纳税人为小规模纳税人。

## （一）小规模纳税人

增值税小规模纳税人标准为年应税销售额 500 万元及以下。

小规模纳税人（其他个人除外）发生增值税应税行为，若需要开具增值税专用发票，可以使用增值税发票管理系统自行开票。

## （二）一般纳税人

增值税一般纳税人标准为年应税销售额 500 万元以上。

年应税销售额未超过规定标准的纳税人，如果会计核算健全，且能够提供准确税务资料，可以向主管税务机关办理一般纳税人资格登记，成为一般纳税人。

一般纳税人实行登记制度，除另有规定外，纳税人一经登记为一般纳税人，不得转为小规模纳税人。

> **相关链接**
>
> 下列纳税人不得办理一般纳税人资格登记。
> （1）按照政策规定，选择按照小规模纳税人纳税的。
> （2）年应税销售额超过规定标准的其他个人。

## 三、增值税的税率与征收率

我国现行增值税税率设计使用了税率与征收率相结合的办法。

### （一）增值税税率

#### 1. 适用 13% 税率的项目

增值税一般纳税人销售货物（适用 9% 税率的货物除外），进口货物（适用 9% 税率的货物除外），销售加工、修理修配劳务，销售有形动产租赁服务，除适用零税率之外，税率为 13%。

#### 2. 适用 9% 税率的项目

增值税一般纳税人销售交通运输服务、邮政服务、基础电信服务、建筑服务、不动产租赁服务，销售不动产，转让土地使用权，税率为9%。增值税一般纳税人销售或者进口下列货物，适用9%税率。

（1）粮食等农产品、食用植物油、食用盐。

（2）自来水、暖气、冷气、热水、煤气、石油液化气、天然气、二甲醚、沼气、居民用煤炭制品。

（3）图书、报纸、杂志、音像制品、电子出版物。

（4）饲料、化肥、农药、农机、农膜。

（5）国务院规定的其他货物。

**试一试**

根据增值税法律制度的规定，增值税一般纳税人的下列应税行为中，适用9%税率的是（　　）。

A. 销售农机　　　　　　　B. 销售农机配件

C. 受托加工农机　　　　　D. 进口农机配件

### 3. 适用6%税率的项目

增值税一般纳税人销售增值电信服务、金融服务、现代服务（除有形动产租赁服务和不动产租赁服务外）、生活服务，销售无形资产（除转让土地使用权），税率为6%。

### 4. 适用零税率的项目

（1）纳税人出口货物，税率为零，国务院另有规定的除外。

（2）境内单位和个人销售的下列服务和无形资产，税率为零。

① 国际运输服务。

② 航天运输服务。

③ 向境外单位提供的完全在境外消费的下列服务：研发服务、合同能源管理服务、设计服务、广播影视节目（作品）的制作和发行服务、软件服务、电路设计及测试服务、信息系统服务、业务流程管理服务、离岸服务外包业务、转让技术。

④ 国务院规定的其他服务。

## （二）增值税征收率

增值税小规模纳税人以及一般纳税人选择简易办法计税的，征收率为3%，另有规定的除外。

自 2023 年 1 月 1 日至 2027 年 12 月 31 日，增值税小规模纳税人月销售额 10 万元以下（含本数）的，免征增值税；增值税小规模纳税人适用 3%征收率的应税销售收入，减按 1%征收率征收增值税。

> **相关链接**
>
> 纳税人销售货物，加工、修理修配劳务，服务，无形资产或者不动产适用不同税率或者征收率的，应当分别核算适用不同税率或者征收率的销售额，未分别核算销售额的，按照以下方法适用税率或者征收率。
>
> （1）兼有不同税率的销售货物，加工、修理修配劳务，服务，无形资产或者不动产，从高适用税率。
>
> （2）兼有不同征收率的销售货物，加工、修理修配劳务，服务，无形资产或者不动产，从高适用征收率。
>
> （3）兼有不同税率和征收率的销售货物，加工、修理修配劳务，服务，无形资产或者不动产，从高适用税率。

## 四、增值税的税收优惠

### （一）《增值税暂行条例》规定的免税项目

下列项目免征增值税。

（1）农业生产者销售的自产农产品。

（2）避孕药品和用具。

（3）古旧图书。古旧图书，是指向社会收购的古书和旧书。

（4）直接用于科学研究、科学试验和教学的进口仪器、设备。

（5）外国政府、国际组织无偿援助的进口物资和设备。

（6）由残疾人的组织直接进口供残疾人专用的物品。

（7）销售的自己使用过的物品。自己使用过的物品，是指其他个人自己使用过的物品。

### （二）起征点

根据《增值税暂行条例》的规定，增值税的起征点适用范围限于个人，且不适用于登记为一般纳税人的个体工商户。纳税人发生应税销售行为的销售额未达到增值税起征点的，免征增值税；达到起征点的，全额计算缴纳增值税。起征点的幅度规定如下。

（1）按期纳税的，为月销售额 5 000～20 000 元（含本数）。

（2）按次纳税的，为每次（日）销售额 300～500 元（含本数）。

### （三）营业税改征增值税试点过渡政策规定的免征增值税项目

营业税改征增值税试点过渡政策规定的免征增值税项目具体如下。

（1）托儿所、幼儿园提供的保育和教育服务。

（2）养老机构提供的养老服务。

（3）残疾人福利机构提供的育养服务。

（4）婚姻介绍服务。

（5）殡葬服务。

（6）残疾人员本人为社会提供的服务。

（7）医疗机构提供的医疗服务。

（8）从事学历教育的学校提供的教育服务。

（9）学生勤工俭学提供的服务。

（10）农业机耕、排灌、病虫害防治、植物保护、农牧保险以及相关技术培训业务，家禽、牲畜、水生动物的配种和疾病防治。

（11）纪念馆、博物馆、文化馆、文物保护单位管理机构、美术馆、展览馆、书画院、图书馆在自己的场所提供文化体育服务取得的第一道门票收入。

（12）寺院、宫观、清真寺和教堂举办文化、宗教活动的门票收入。

（13）行政单位之外的其他单位收取的符合《营业税改征增值税试点实施办法》第十条规定条件的政府性基金和行政事业性收费。

（14）个人转让著作权。

（15）个人销售自建自用住房。

（16）台湾航运公司、航空公司从事海峡两岸海上直航、空中直航业务在大陆取得的运输收入。

（17）纳税人提供的直接或者间接国际货物运输代理服务。

（18）符合规定条件的贷款、债券利息收入。

（19）被撤销金融机构以货物、不动产、无形资产、有价证券、票据等财产清偿债务。

（20）保险公司开办的一年期以上人身保险产品取得的保费收入。

（21）符合规定条件的金融商品转让收入。

（22）金融同业往来利息收入。

（23）同时符合规定条件的担保机构从事中小企业信用担保或者再担保业

务取得的收入（不含信用评级、咨询、培训等收入）3年内免征增值税。

（24）国家商品储备管理单位及其直属企业承担商品储备任务，从中央或者地方财政取得的利息补贴收入和价差补贴收入。

（25）纳税人提供技术转让、技术开发和与之相关的技术咨询、技术服务。

（26）同时符合规定条件的合同能源管理服务。

（27）政府举办的从事学历教育的高等、中等和初等学校（不含下属单位），举办进修班、培训班取得的全部归该学校所有的收入。

（28）政府举办的职业学校设立的主要为在校学生提供实习场所、并由学校出资自办、由学校负责经营管理、经营收入归学校所有的企业，从事《销售服务、无形资产或者不动产注释》中"现代服务"（不含融资租赁服务、广告服务和其他现代服务）、"生活服务"（不含文化体育服务、其他生活服务和桑拿、氧吧）业务活动取得的收入。

（29）家政服务企业由员工制家政服务员提供家政服务取得的收入。

（30）福利彩票、体育彩票的发行收入。

（31）为了配合国家住房制度改革，企业、行政事业单位按房改成本价、标准价出售住房取得的收入。

（32）将土地使用权转让给农业生产者用于农业生产。

（33）涉及家庭财产分割的个人无偿转让不动产、土地使用权。

（34）土地所有者出让土地使用权和土地使用者将土地使用权归还给土地所有者。

（35）县级以上地方人民政府或自然资源行政主管部门出让、转让或收回自然资源使用权（不含土地使用权）。

（36）随军家属就业。

（37）军队转业干部就业。

（38）提供社区养老、抚育、家政等服务取得的收入。

（39）对法律援助人员按照《中华人民共和国法律援助法》规定获得的法律援助补贴。

## 任务二 计算增值税

长期以来，从税收占比角度看，增值税都是我国第一大税种，在国家经济生活中占据非常重要的地位。统计数据显示，增值税收入在全部税收收入总额中的占比接近40%。财务人员客观公正地核算增值税意义重大。

# 一、一般纳税人应纳税额的计算

一般纳税人发生应税销售行为采取一般计税方法计算应纳税额的，应纳税额为当期销项税额抵扣当期进项税额后的余额。其计算公式如下。

$$应纳税额＝当期销项税额－当期进项税额$$

当期销项税额小于当期进项税额不足抵扣时，其不足部分可以结转下期继续抵扣。

## （一）销项税额

销项税额是指纳税人发生应税销售行为，按照销售额和适用的税率计算并向购买方收取的增值税税款。其计算公式如下。

$$销项税额＝销售额×适用税率$$

### 1. 销售额的一般规定

销售额是指纳税人发生应税销售行为向购买方收取的全部价款和价外费用，但不包括向购买方收取的销项税额。

> **名词点击**
>
> **价外费用**
>
> 价外费用是指价外向购买方收取的手续费、补贴、基金、集资费、返还利润、奖励费、违约金、滞纳金、延期付款利息、赔偿金、代收款项、代垫款项、包装费、包装物租金、储备费、优质费、运输装卸费以及其他各种性质的价外收费。

### 2. 含税销售额的换算

增值税是价外税，销售额中不应含有增值税税款。如果销售额中包含了增值税税款即销项税额，则应将含税销售额换算成不含税销售额。其计算公式如下。

$$不含税销售额＝含税销售额÷（1+增值税税率）$$

### 3. 视同销售的销售额的确定

税法规定，对视同销售征税而无销售额的，按下列顺序确定其销售额。

（1）按纳税人最近时期同类货物、服务、无形资产或不动产的平均销售价格确定。

（2）按其他纳税人最近时期同类货物、服务、无形资产或不动产的平均销售价格确定。

（3）按组成计税价格确定。组成计税价格的公式如下。

$$组成计税价格=成本×（1+成本利润率）$$

属于应征消费税的货物，其组成计税价格中应加计消费税税额。组成计税价格的公式如下。

$$组成计税价格=成本×（1+成本利润率）+消费税税额$$

公式中的成本利润率由国家税务总局确定。一般情况下，货物的成本利润率为 10%，但属于从价定率征收消费税的货物，其组成计税价格公式中的成本利润率，为《消费税若干具体问题的规定》中规定的成本利润率。

### 试一试

甲食品公司为增值税一般纳税人，2023 年 12 月特制一批食品用于职工福利，该批食品无同类食品市场售价，成本为 5 000 元。已知增值税税率为 13%，成本利润率为 10%。计算甲食品公司当月该笔业务增值税销项税额的下列算式中，正确的是（　　　　）。

A. 5 000×13%=650（元）

B. 5 000×10%×13%=65（元）

C. 5 000×（1+10%）×13%=715（元）

D. 5 000×（1-10%）×13%=585（元）

### 4. 特殊销售方式下销售额的确定

（1）折扣方式销售。折扣销售是指销货方在销售货物时，因购货方购货数量较大等原因而给予购货方的价格优惠。纳税人采取折扣方式销售货物，如果销售额和折扣额在同一张发票上分别注明，可以按折扣后的销售额征收增值税；如果将折扣额另开发票，不论其在财务上如何处理，均不得从销售额中减除折扣额。

### 试一试

甲公司为增值税一般纳税人，2023 年 12 月采取折扣方式销售一批笔记本电脑，含增值税销售额为 67 800 元。公司给予 5%的折扣，销售额和折扣额在同一张发票上分别注明。已知增值税税率为 13%。计算甲公司当月该笔业务增值税销项税额的下列算式中，正确的是（　　　　）。

A. 67 800×13%=8 814（元）

B. 67 800÷（1+13%）×13%=7 800（元）

C. 67 800×（1-5%）×13%=8 373.30（元）

D. 67 800÷（1+13%）×（1-5%）×13%=7 410（元）

（2）以旧换新方式销售。以旧换新是指纳税人在销售货物时，折价收回同类旧货物，并以折价款部分冲减新货物价款的一种销售方式。纳税人采取以旧换新方式销售货物的，应按新货物的同期销售价格确定销售额，不得扣减旧货物的收购价格。

但是对金银首饰以旧换新业务，可以按销售方实际收取的不含增值税的全部价款征收增值税。

**试一试**

甲公司为增值税一般纳税人，2023 年 12 月采取以旧换新方式销售 100 台笔记本电脑，笔记本电脑的含增值税销售价格为 4 520 元/台，旧笔记本电脑的收购价格为 226 元/台。已知增值税税率为 13%。计算甲公司当月该笔业务增值税销项税额的下列算式中，正确的是（　　　　）。

A. 100×4 520×13%=58 760（元）

B. 100×4 520÷（1+13%）×13%=52 000（元）

C. 100×（4 520-226）×13%=55 822（元）

D. 100×（4 520-226）÷（1+13%）×13%=49 400（元）

（3）还本销售方式销售。还本销售是指纳税人在销售货物后，到一定期限将全部或部分货款一次或分次退还给购货方的一种销售方式。这种方式实际上是一种筹资，是以货物换取资金的使用价值，到期还本不付息。纳税人采取还本销售方式销售货物，其销售额就是货物的销售价格，不得从销售额中减除还本支出。

**试一试**

甲公司为增值税一般纳税人，2023 年 12 月采取还本销售方式销售 200 台笔记本电脑，笔记本电脑含增值税销售价格为 4 520 元/台，3 年后还本 60%。已知增值税税率为 13%。计算甲公司当月该笔业务增值税销项税额的下列算式中，正确的是（　　　　）。

A. 200×4 520×13%=117 520（元）

B. 200×4 520÷（1+13%）×13%=104 000（元）

C. 200×4 520×（1-60%）×13%=47 008（元）

D. 200×4 520÷（1+13%）×（1-60%）×13%=41 600（元）

（4）以物易物方式销售。以物易物是指购销双方不是以货币结算，而是以同等价款的货物相互结算，以此实现货物购销的一种方式。以物易物双方都应做购销处理，以各自发出的货物核算销售额并计算销项税额，以各自收到的货物按规定核算购货额并计算进项税额。在以物易物活动中，应分别开具合法的票据，如收到的货物不能取得相应的增值税专用发票或其他合法票据的，不能抵扣进项税额。

### 5. 包装物押金

包装物是指纳税人包装本单位货物的各种物品。一般情况下，销货方向购货方收取包装物押金，购货方在规定时间内返还包装物，销货方再将收取的包装物押金返还。纳税人为销售货物而出租、出借包装物收取的押金，单独记账核算的，且时间在 1 年以内，又未过期的，不并入销售额征税；但对因逾期未收回包装物不再退还的押金，应按所包装货物的适用税率计算增值税税款。

**记一记**

（1）"逾期"是指按合同约定实际逾期或以 1 年为期限，对收取 1 年以上的押金，无论是否退还均并入销售额征税。

（2）包装物押金是含税收入，在并入销售额征税时，需要先将该押金换算为不含税收入，再计算应纳增值税税款。

（3）包装物押金不同于包装物租金，包装物租金属于价外费用，在销售货物时随同货款一并计算增值税税款。

（4）对销售除啤酒、黄酒外的其他酒类产品而收取的包装物押金，无论是否返还以及会计上如何核算，均应并入当期销售额征收增值税。

**试一试**

甲酒厂为增值税一般纳税人，2023 年 12 月销售一批自产红酒取得不含增值税价款 30 000 元，同时收取包装物租金 2 260 元、包装物押金 3 390 元，合同约定押金期限为 2 个月。已知增值税税率为 13%。计算甲公司当月该笔业务增值税销项税额的下列算式中，正确的是（　　　　）。

A. 30 000×13%=3 900（元）

B. [30 000+2 260÷（1+13%）]×13%=4 160（元）

C. [30 000+（2 260+3 390）÷（1+13%）]×13%=4 550（元）

D. [30 000+3 390÷（1+13%）]×13%=4 290（元）

### 6. "营改增"行业销售额的规定

（1）贷款服务，以提供贷款服务取得的全部利息及利息性质的收入为销售额。

（2）直接收费金融服务，以提供直接收费金融服务收取的手续费、佣金、酬金、管理费、服务费、经手费、开户费、过户费、结算费、转托管费等各类费用为销售额。

（3）金融商品转让，按照卖出价扣除买入价后的余额为销售额。

（4）经纪代理服务，以取得的全部价款和价外费用，扣除向委托方收取并代为支付的政府性基金或者行政事业性收费后的余额为销售额。

（5）航空运输企业的销售额，不包括代收的民航发展基金（原机场建设费）和代售其他航空运输企业客票而代收转付的价款。

（6）试点纳税人中的一般纳税人提供客运场站服务，以其取得的全部价款和价外费用，扣除支付给承运方运费后的余额为销售额。

（7）试点纳税人提供旅游服务，可以选择以取得的全部价款和价外费用，扣除向旅游服务购买方收取并支付给其他单位或者个人的住宿费、餐饮费、交通费、签证费、门票费和支付给其他接团旅游企业的旅游费用后的余额为销售额。

（8）试点纳税人提供建筑服务适用简易计税方法的，以取得的全部价款和价外费用扣除支付的分包款后的余额为销售额。

（9）房地产开发企业中的一般纳税人销售其开发的房地产项目（选择简易计税方法的房地产老项目除外），以取得的全部价款和价外费用，扣除受让土地时向政府部门支付的土地价款后的余额为销售额。

**试一试**

下列关于"营改增"行业计税销售额的表述中，正确的有（　　　）。
A. 贷款服务以取得贷款利息收入减除吸收存款利息支出后的余额为销售额
B. 直接收费金融服务以提供直接收费服务收取的各类费用为销售额
C. 金融商品转让以金融商品的卖出价减除买入价后的余额为销售额
D. 经纪代理服务以取得的全部价款和价外费用为销售额

## （二）进项税额

进项税额是指纳税人购进货物、劳务、服务、无形资产或者不动产，支付或者负担的增值税税额。

**1. 准予从销项税额中抵扣的进项税额**

下列进项税额准予从销项税额中抵扣。

（1）从销售方取得的增值税专用发票（含税控机动车销售统一发票）上注明的增值税税额。

👤**相关链接**

增值税专用发票是一般纳税人发生应税销售行为开具的发票，是购买方支付增值税税额并可按照增值税有关规定据以抵扣进项税额的凭证。一般纳税人发生应税销售行为，应向索取增值税专用发票的购买方开具增值税专用发票。属于下列情形之一的，不得开具增值税专用发票。

（1）商业企业一般纳税人零售烟、酒、食品、服装、鞋帽（不包括劳保专用的部分）、化妆品等消费品的。

（2）应税销售行为的购买方为消费者个人的。

（3）发生应税销售行为适用免税规定的。

（2）从海关取得的海关进口增值税专用缴款书上注明的增值税税额。

（3）购进农产品，取得一般纳税人开具的增值税专用发票或海关进口增值税专用缴款书的，以增值税专用发票或海关进口增值税专用缴款书上注明的增值税税额为进项税额；从按照简易计税方法依照3%征收率计算缴纳增值税的小规模纳税人取得增值税专用发票的，以增值税专用发票上注明的金额和9%的扣除率计算进项税额；取得（开具）农产品销售发票或收购发票的，以农产品销售发票或收购发票上注明的农产品买价和9%的扣除率计算进项税额；纳税人购进用于生产销售或委托加工13%税率货物的农产品，按照10%的扣除率计算进项税额。其计算公式如下。

$$进项税额＝买价×扣除率$$

✏️**试一试**

甲食品公司为增值税一般纳税人，2023年12月从小规模纳税人处购进一批农产品，取得增值税专用发票注明金额20万元、税额0.2万元。已知农产品扣除率为9%。甲食品公司该笔业务准予抵扣的进项税额为（　　）万元。

A．0.018　　　　B．0.2　　　　C．1.8　　　　D．1.818

（4）纳税人购进国内旅客运输服务未取得增值税专用发票的，暂按照以下规定确定进项税额。

① 取得增值税电子普通发票的，为发票上注明的税额。

② 取得注明旅客身份信息的航空运输电子客票行程单的，按照下列公式计算进项税额。

$$航空旅客运输进项税额＝（票价＋燃油附加费）÷（1＋9\%）×9\%$$

③ 取得注明旅客身份信息的铁路车票的，按照下列公式计算进项税额。

$$铁路旅客运输进项税额＝票面金额÷（1＋9\%）×9\%$$

④ 取得注明旅客身份信息的公路、水路等其他客票的，按照下列公式计算进项税额。

$$公路、水路等其他旅客运输进项税额＝票面金额÷（1＋3\%）×3\%$$

**试一试**

甲公司为增值税一般纳税人，2023 年 12 月公司员工在国内出差，取得往返的航空运输电子客票行程单，注明票价 2 880 元、燃油附加费 40 元、民航发展基金 100 元。已知国内航空旅客运输服务按 9% 计算进项税额。计算甲公司当月购进该航空旅客运输服务准予抵扣进项税额的下列算式中，正确的是（　　　）。

A. 2 880÷（1＋9%）×9%＝237.80（元）

B. （2 880＋40）÷（1＋9%）×9%＝241.10（元）

C. （2 880＋100）÷（1＋9%）×9%＝246.06（元）

D. （2 880＋40＋100）÷（1＋9%）×9%＝249.36（元）

### 2. 不得从销项税额中抵扣的进项税额

下列项目的进项税额不得从销项税额中抵扣。

（1）用于简易计税方法计税项目、免征增值税项目、集体福利或者个人消费的购进货物、劳务、服务、无形资产和不动产。

（2）非正常损失的购进货物，以及相关的劳务和交通运输服务。

**名词点击**

#### 非正常损失

非正常损失，是指因管理不善造成货物被盗、丢失、霉烂变质，以及因违法造成货物或者不动产被依法没收、销毁、拆除的情形。

（3）非正常损失的在产品、产成品所耗用的购进货物（不包括固定资产）、劳务和交通运输服务。

（4）非正常损失的不动产，以及该不动产所耗用的购进货物、设计服务和建筑服务。

（5）非正常损失的不动产在建工程所耗用的购进货物、设计服务和建筑服务。纳税人新建、改建、扩建、修缮、装饰不动产，均属于不动产在建工程。

（6）购进的贷款服务、餐饮服务、居民日常服务和娱乐服务。

（7）纳税人接受贷款服务向贷款方支付的与该笔贷款直接相关的投融资顾问费、手续费、咨询费等费用。

（8）财政部和国家税务总局规定的其他情形。

**试一试**

根据增值税法律制度的规定，增值税一般纳税人支付的下列进项税额中，准予从销项税额中抵扣的是（　　　　）。

A. 购进职工宿舍床品所支付的进项税额

B. 购进招待客户用烟酒所支付的进项税额

C. 购进办公楼所支付的进项税额

D. 购进娱乐服务所支付的进项税额

## （三）应纳税额的计算

一般纳税人增值税应纳税额的计算公式如下。

$$应纳税额＝当期销项税额－当期进项税额$$

**【例2-1】** 甲公司为增值税一般纳税人，主要从事电视机的生产、销售业务。2023年12月发生的经济业务如下。

（1）购进原材料，取得增值税专用发票注明金额1 200 000元、税额156 000元。

（2）外购一批食用植物油用于职工福利，取得增值税专用发票注明金额100 000元、税额9 000元。

（3）因仓管人员管理不当，一批电视机被人为损坏，经计算所耗费的原材料及有关服务的进项税额为5 000元。

（4）外购一批工程物资，用于公司仓库的扩建，取得增值税普通发票注明金额20 000元、税额2 600元。

（5）外购设计服务，取得增值税专用发票注明金额100 000元、税额6 000元。

（6）销售A型电视机1 000台，A型电视机不含增值税价格为3 500元/台，开具增值税专用发票。

（7）将自产的 10 台 A 型电视机捐赠给某小学。

（8）公司将闲置的厂房及其内置设备对外租赁（合同分签）。开具的增值税专用发票上注明当期厂房租赁金额 8 000 元、税额 720 元；设备租赁金额 4 000 元、税额 520 元。

**已知**：该企业取得的增值税专用发票均符合抵扣规定；销售货物的增值税税率为 13%。

**要求**：计算甲公司当月应缴纳增值税税额。

**解析**：购进原材料的进项税额准予抵扣；外购食用植物油用于职工福利的进项税额的不得抵扣；因仓管人员管理不当致使电视机被人为损坏属于非正常损失，进项税额不得抵扣，按规定应将进项税额转出；外购工程物资未取得增值税专用发票，进项税额不得抵扣；外购设计服务的进项税额准予抵扣；销售 A 型电视机属于"销售货物"，应缴纳增值税；将自产的 A 型电视机用于对外捐赠属于视同销售，应缴纳增值税；将闲置的厂房及其内置设备对外租赁属于"销售现代服务——租赁服务"，应缴纳增值税。

（1）进项税额=156 000+6 000=162 000（元）

（2）销项税额=（1 000+10）×3 500×13%+720+520=460 790（元）

（3）进项税额转出额=5 000（元）

（4）应缴纳增值税税额=460 790-162 000+5 000=303 790（元）

**【例 2-2】**甲商业银行为增值税一般纳税人，2023 年第四季度发生的经济业务如下。

（1）购进 3 台自助存取款机，取得增值税专用发票注明金额 24 万元、税额 3.12 万元。

（2）租入一处营业用房，取得增值税专用发票注明金额 60 万元、税额 5.4 万元。

（3）提供资金结算服务，取得含增值税服务费 31.8 万元。

（4）提供账户管理服务，取得含增值税服务费 26.5 万元。

（5）提供贷款服务，取得含增值税利息收入 6 360 万元。

（6）吸收存款 3.02 亿元。

**已知**：甲商业银行取得的增值税专用发票均符合抵扣规定；金融服务增值税税率为 6%。

**要求**：计算甲商业银行第四季度应缴纳的增值税税额。

**解析**：购进自助存取款机的进项税额准予抵扣；租入营业用房的进项税额准予抵扣；提供资金结算服务属于直接收费金融服务，应缴纳增值税；提供账户管理服务属于直接收费金融服务，应缴纳增值税；提供贷款服务取得利息收入属于贷款服务，应缴纳增值税；吸收存款不属于增值税征税范围。

（1）进项税额=3.12+5.4=8.52（万元）

（2）销项税额=（31.8+26.5+6 360）÷（1+6%）×6%=363.30（万元）

（3）应缴纳增值税税额=363.30-8.52=354.78（万元）

## 二、小规模纳税人应纳税额的计算

### （一）应纳税额的计算公式

小规模纳税人发生应税销售行为，按简易方法计税，即按销售额和规定征收率计算应纳税额，不得抵扣进项税额。其计算公式如下。

$$应纳税额=销售额×征收率$$

公式中销售额与增值税一般纳税人计算应纳增值税的销售额规定内容一致，均为发生应税销售行为向购买方收取的全部价款和价外费用。

> **相关链接**
>
> 一般纳税人发生下列应税行为可以选择适用简易计税方法计税，不允许抵扣进项税额。
>
> （1）公共交通运输服务，包括轮客渡、公交客运、地铁、城市轻轨、出租车、长途客运、班车。
>
> （2）经认定的动漫企业为开发动漫产品提供的动漫脚本编撰、形象设计等服务，以及在境内转让动漫版权。
>
> （3）电影放映服务、仓储服务、装卸搬运服务、收派服务和文化体育服务。

### （二）含税销售额的换算

简易计税方法下的销售额不包括应纳税额，纳税人采用销售额和应纳税额合并定价方法的，按照下列公式换算销售额。

$$不含税销售额=含税销售额÷（1+征收率）$$

### （三）应纳税额的计算举例

【例2-3】乙公司为按季纳税的增值税小规模纳税人，主要从事货物运输、装卸搬运服务。2023年第四季度发生的业务如下。

（1）提供货物运输服务，取得含增值税价款303 000元，同时收取包装费

1 010 元。

（2）提供装卸搬运服务，取得含增值税销售额 6 060 元。

（3）购进办公用品，取得增值税专用发票注明金额 20 000 元、税额 2 600 元。

（4）取得存款利息 1 750 元。

**已知：** 增值税征收率为 1%。

**要求：** 计算乙公司当月应缴纳增值税税额。

**解析：** 小规模纳税人发生应税销售行为按简易方法计税，销售额为发生应税销售行为向购买方收取的全部价款和价外费用；取得的销售额含增值税的，需换算成不含增值税销售额；购进货物进项税额不可以抵扣；存款利息属于不征收增值税项目。

应缴纳增值税税额＝（303 000＋1 010＋6 060）÷（1＋1%）×1%＝3 070（元）

## 三、进口货物应纳税额的计算

### （一）应纳税额的计算公式

纳税人进口货物，无论是一般纳税人还是小规模纳税人，均按照组成计税价格和规定的税率计算应纳税额，不得抵扣发生在境外的任何税金。应纳税额的计算公式如下。

应纳税额＝组成计税价格×税率

组成计税价格的构成分两种情况。如果进口货物不征收消费税，组成计税价格的计算公式如下。

组成计税价格＝关税完税价格＋关税

如果进口货物征收消费税，组成计税价格的计算公式如下。

组成计税价格＝关税完税价格＋关税＋消费税

### （二）进口货物应纳税额的计算举例

**【例 2-4】** 甲外贸公司为增值税一般纳税人，2023 年 12 月进口一批食用橄榄油，海关审定的关税完税价格为 600 万元，该公司按规定缴纳了关税 60 万元，并取得了海关开具的完税凭证。

**已知：** 适用增值税税率为 9%。

**要求：** 计算甲外贸公司该笔业务进口环节应缴纳的增值税税额。

**解析：** 纳税人进口货物，按照组成计税价格和规定的税率计算应纳税额。

组成计税价格＝600＋60＝660（万元）

进口环节应缴纳的增值税税额＝660×9%＝59.40（万元）

## 任务三 征收管理增值税

### 一、增值税的纳税义务发生时间

（1）纳税人发生应税销售行为，其纳税义务发生时间为收讫销售款项或者取得索取销售款项凭据的当天；先开具发票的，为开具发票的当天。具体规定如下。

① 采取直接收款方式销售货物，不论货物是否发出，均为收到销售款或者取得索取销售款凭据的当天。

② 采取托收承付和委托银行收款方式销售货物，为发出货物并办妥托收手续的当天。

③ 采取赊销和分期收款方式销售货物，为书面合同约定的收款日期的当天；无书面合同的或者书面合同没有约定收款日期的，为货物发出的当天。

④ 采取预收货款方式销售货物，为货物发出的当天。

⑤ 委托其他纳税人代销货物，为收到代销单位的代销清单或者收到全部或者部分货款的当天。未收到代销清单及货款的，为发出代销货物满 180 天的当天。

⑥ 纳税人提供租赁服务采取预收款方式的，为收到预收款的当天。

⑦ 纳税人从事金融商品转让的，其纳税义务发生时间为金融商品所有权转移的当天。

⑧ 纳税人发生视同销售货物行为的，为货物移送的当天。

⑨ 纳税人发生视同销售劳务、服务、无形资产、不动产情形的，其纳税义务发生时间为劳务、服务、无形资产转让完成的当天或者不动产权属变更的当天。

（2）纳税人进口货物，其纳税义务发生时间为报关进口的当天。

（3）增值税扣缴义务发生时间为增值税纳税义务发生的当天。

### 试一试

2023 年 12 月，甲公司采取直接收款方式销售货物给乙公司，12 月 9日签订合同，12 月 15 日开具发票，12 月 20 日发出货物，12 月 28 日收到货款。甲公司该笔业务增值税纳税义务发生时间为（　　　　）。

A. 12 月 9 日　　　　　　　　B. 12 月 15 日

C. 12 月 20 日　　　　　　　　D. 12 月 28 日

## 二、增值税的纳税期限

增值税的纳税期限分别为 1 日、3 日、5 日、10 日、15 日、1 个月或 1 个季度。纳税人的具体纳税期限，由税务机关根据纳税人应纳税额的大小分别核定。以 1 个季度为纳税期限的规定适用于小规模纳税人、银行、财务公司、信托投资公司、信用社，以及财政部和国家税务总局规定的其他纳税人。

纳税人以 1 个月或者 1 个季度为 1 个纳税期的，自期满之日起 15 日内申报纳税；以 1 日、3 日、5 日、10 日或者 15 日为 1 个纳税期的，自期满之日起 5 日内预缴税款，于次月 1 日起 15 日内申报纳税并结清上月应纳税款。

扣缴义务人解缴税款的期限，按照上述规定执行。

纳税人进口货物，应当自海关填发海关进口增值税专用缴款书之日起 15 日内缴纳税款。

## 三、增值税的纳税地点

（1）固定业户应当向其机构所在地的税务机关申报纳税。总机构和分支机构不在同一县（市）的，应当分别向各自所在地的税务机关申报纳税；经财政部和国家税务总局或者其授权的财政和税务机关批准，可以由总机构汇总向总机构所在地的税务机关申报纳税。

（2）固定业户到外县（市）销售货物或者应税劳务，应当向其机构所在地的税务机关报告外出经营事项，并向其机构所在地的税务机关申报纳税；未报告的，应当向销售地或者劳务发生地的税务机关申报纳税；未向销售地或者劳务发生地的税务机关申报纳税的，由其机构所在地的税务机关补征税款。

（3）非固定业户应当向应税销售行为发生地税务机关申报纳税；未申报纳税的，由其机构所在地或者居住地税务机关补征税款。

（4）进口货物，应当向报关地海关申报纳税。

（5）其他个人提供建筑服务，销售或者租赁不动产，转让自然资源使用权，应向建筑服务发生地、不动产所在地、自然资源所在地税务机关申报纳税。

（6）扣缴义务人应当向其机构所在地或者居住地税务机关申报缴纳扣缴的税款。

## 四、增值税的纳税申报

自 2021 年 8 月 1 日起，增值税与城市维护建设税、教育费附加、地方教育附加申报表整合，纳税申报表包括《增值税及附加税费申报表（一般纳税人适用）》及其附列资料和《增值税及附加税费申报表（小规模纳税人适用）》及其附列资料。增值税纳税人应按照税务机关核定的纳税期限，如实填写并报送纳税申报资料。《增值税及附加税费申报表（一般纳税人适用）》如表 2-1 所示，《增值税及附加税费申报表（小规模纳税人适用）》如表 2-2 所示。

### 表 2-1　增值税及附加税费申报表
（一般纳税人适用）

根据国家税收法律法规及增值税相关规定制定本表。纳税人不论有无销售额，均应按税务机关核定的纳税期限填写本表，并向当地税务机关申报。

税款所属时间：自　年　月　日至　年　月　日　　　　金额单位：元（列至角、分）
填表日期：　年　月　日
纳税人识别号（统一社会信用代码）：　　　　　　　　所属行业：

| 纳税人名称： | | 法定代表人姓名 | | 注册地址 | | 生产经营地址 | |
|---|---|---|---|---|---|---|---|
| 开户银行及账号 | | 登记注册类型 | | | | 电话号码 | |
| 项目 | | 栏次 | | 一般项目 | | 即征即退项目 | |
| | | | | 本月数 | 本年累计 | 本月数 | 本年累计 |
| 销售额 | （一）按适用税率计税销售额 | 1 | | | | | |
| | 其中：应税货物销售额 | 2 | | | | | |
| | 应税劳务销售额 | 3 | | | | | |
| | 纳税检查调整的销售额 | 4 | | | | | |
| | （二）按简易办法计税销售额 | 5 | | | | | |
| | 其中：纳税检查调整的销售额 | 6 | | | | | |
| | （三）免、抵、退办法出口销售额 | 7 | | | | — | — |
| | （四）免税销售额 | 8 | | | | — | — |
| | 其中：免税货物销售额 | 9 | | | | — | — |
| | 免税劳务销售额 | 10 | | | | — | — |

续表

| 项目 | | 栏次 | 一般项目 | | 即征即退项目 | |
|---|---|---|---|---|---|---|
| | | | 本月数 | 本年累计 | 本月数 | 本年累计 |
| 税款计算 | 销项税额 | 11 | | | | |
| | 进项税额 | 12 | | | | |
| | 上期留抵税额 | 13 | | — | | — |
| | 进项税额转出 | 14 | | | | |
| | 免、抵、退应退税额 | 15 | | — | | — |
| | 按适用税率计算的纳税检查应补缴税额 | 16 | | | | |
| | 应抵扣税额合计 | 17=12+13-14-15+16 | | — | | — |
| | 实际抵扣税额 | 18（如 17＜11，则为 17，否则为 11） | | | | |
| | 应纳税额 | 19=11-18 | | | | |
| | 期末留抵税额 | 20=17-18 | | — | | — |
| | 简易计税办法计算的应纳税额 | 21 | | | | |
| | 按简易计税办法计算的纳税检查应补缴税额 | 22 | | — | | — |
| | 应纳税额减征额 | 23 | | | | |
| | 应纳税额合计 | 24=19+21-23 | | | | |
| 税款缴纳 | 期初未缴税额（多缴为负数） | 25 | | | | |
| | 实收出口开具专用缴款书退税额 | 26 | | — | | — |
| | 本期已缴税额 | 27=28+29+30+31 | | | | |
| | ① 分次预缴税额 | 28 | | — | | — |
| | ② 出口开具专用缴款书预缴税额 | 29 | | — | | — |

续表

| 项目 | | 栏次 | 一般项目 | | 即征即退项目 | |
|---|---|---|---|---|---|---|
| | | | 本月数 | 本年累计 | 本月数 | 本年累计 |
| 税款缴纳 | ③ 本期缴纳上期应纳税额 | 30 | | | | |
| | ④ 本期缴纳欠缴税额 | 31 | | | | |
| | 期末未缴税额（多缴为负数） | 32=24+25+26-27 | | | | |
| | 其中：欠缴税额（≥0） | 33=25+26-27 | | — | | — |
| | 本期应补（退）税额 | 34=24-28-29 | | — | | — |
| | 即征即退实际退税额 | 35 | — | — | | |
| | 期初未缴查补税额 | 36 | | | — | — |
| | 本期入库查补税额 | 37 | | | — | — |
| | 期末未缴查补税额 | 38=16+22+36-37 | | | — | — |
| 附加税费 | 城市维护建设税本期应补（退）税额 | 39 | | | — | — |
| | 教育费附加本期应补（退）费额 | 40 | | | — | — |
| | 地方教育附加本期应补（退）费额 | 41 | | | — | — |

声明：此表是根据国家税收法律法规及相关规定填写的，本人（单位）对填报内容（及附带资料）的真实性、可靠性、完整性负责。

纳税人（签章）：　年　月　日

| | |
|---|---|
| 经办人：<br>经办人身份证号：<br>代理机构签章：<br>代理机构统一社会信用代码： | 受理人：<br>受理税务机关（章）：<br>受理日期：　年　月　日 |

## 表 2-2 增值税及附加税费申报表

（小规模纳税人适用）

纳税人识别号（统一社会信用代码）：

纳税人名称：　　　　　　　　　　　　　　　　金额单位：元（列至角、分）

税款所属期：　　　　　　　　　　　　　　　　填表日期：　　年　　月　　日

| 项目 | 栏次 | 本期数 | | 本年累计 | |
|---|---|---|---|---|---|
| | | 货物及劳务 | 服务、不动产和无形资产 | 货物及劳务 | 服务、不动产和无形资产 |
| （一）应征增值税不含税销售额（3%征收率） | 1 | | | | |
| 增值税专用发票不含税销售额 | 2 | | | | |
| 其他增值税发票不含税销售额 | 3 | | | | |
| （二）应征增值税不含税销售额（5%征收率） | 4 | | | | |
| 增值税专用发票不含税销售额 | 5 | | | | |
| 其他增值税发票不含税销售额 | 6 | | | | |
| （三）销售使用过的固定资产不含税销售额 | 7 | | | — | — |
| 其中：其他增值税发票不含税销售额 | 8 | | | | |
| （四）免税销售额 | 9=10+11+12 | | | — | — |
| 其中：小微企业免税销售额 | 10 | | | — | — |
| 未达起征点销售额 | 11 | | | | |
| 其他免税销售额 | 12 | | | | |
| （五）出口免税销售额 | 13（13≥14） | | | | |
| 其中：其他增值税发票不含税销售额 | 14 | | | | |

注：左侧"计税依据"为栏 1~14 的跨行项目标签。

续表

| 项目 | 栏次 | 本期数 | | 本年累计 | |
| --- | --- | --- | --- | --- | --- |
| | | 货物及劳务 | 服务、不动产和无形资产 | 货物及劳务 | 服务、不动产和无形资产 |
| 税款计算 本期应纳税额 | 15 | | | | |
| 本期应纳税额减征额 | 16 | | | | |
| 本期免税额 | 17 | | | — | — |
| 其中：小微企业免税额 | 18 | | | | |
| 未达起征点免税额 | 19 | | | — | — |
| 应纳税额合计 | 20=15−16 | | | — | — |
| 本期预缴税额 | 21 | | — | — | — |
| 本期应补（退）税额 | 22=20−21 | | | | |
| 附加税费 城市维护建设税本期应补（退）税额 | 23 | | | | |
| 教育费附加本期应补（退）费额 | 24 | | | — | — |
| 地方教育附加本期应补（退）费额 | 25 | | | — | — |

声明：此表是根据国家税收法律法规及相关规定填写的，本人（单位）对填报内容（及附带资料）的真实性、可靠性、完整性负责。

纳税人（签章）：　　年　月　日

| | |
| --- | --- |
| 经办人：<br>经办人身份证号：<br>代理机构签章：<br>代理机构统一社会信用代码： | 受理人：<br>受理税务机关（章）：<br>受理日期：　　年　月　日 |

## 课后练习

### 一、单项选择题

1. 根据增值税法律制度的规定，下列各项中，应按照"销售货物"缴纳增值税的是（　　　　）。

  A．自来水公司销售自来水   B．邮政公司销售邮册

  C．银行销售外汇      D．房地产公司销售商品房

  2．根据增值税法律制度的规定，下列情形中，应视同销售货物征收增值税的是（　　　　）。

  A．甲企业将购进的食用油用于职工福利

  B．乙企业将购进的书包无偿赠送给山区小学

  C．丙企业将购进的材料用于生产免税货物

  D．丁企业将购进的清洁剂用于个人消费

  3．根据增值税法律制度的规定，下列各项中，应征收增值税的是（　　　　）。

  A．商业银行提供直接收费金融服务收取的手续费

  B．物业管理单位代收的住宅专项维修资金

  C．被保险人获得的保险赔付

  D．存款人取得的存款利息

  4．根据增值税法律制度的规定，下列行为中，免征增值税的是（　　　　）。

  A．银行销售金银      B．房地产开发公司销售商品房

  C．货物期货交易      D．农业生产者销售自产农产品

  5．甲企业为增值税一般纳税人，2023 年 12 月以折扣销售方式销售一批货物，该批货物不含增值税售价为 120 000 元，给予购货方 5%的价格优惠，销售额与折扣额在同一张发票上分别注明。已知增值税税率为 13%。甲企业当月该笔业务的增值税销项税额为（　　　　）元。

  A．14 820   B．15 600   C．13 805.31   D．13 115.04

  6．甲商场为增值税一般纳税人，2023 年 12 月采取以旧换新方式销售一批手机，该批手机同期不含增值税销售价格为 200 万元，旧手机的收购价格为 20 万元。已知增值税税率为 13%。甲商场上述业务增值税销项税额为（　　　　）万元。

  A．23.4   B．26   C．28.6   D．23

  7．甲笔记本电脑厂 2023 年 12 月将自产的笔记本电脑作为福利发给职工，该批笔记本电脑生产成本为 20 万元，成本利润率为 10%。当月同类笔记本电脑不含增值税销售价格为 24 万元。甲笔记本电脑厂该笔业务计征增值税的销售额为（　　　　）万元。

  A．20   B．22   C．24   D．26.4

  8．甲商业银行为增值税一般纳税人，2023 年第四季度，提供贷款服务取

得含增值税的利息收入 636 万元；吸收存款支付利息 212 万元。已知金融服务适用增值税税率为 6%。甲商业银行该季度贷款服务增值税销项税额为（　　）万元。

    A. 25.44　　　　B. 26　　　　　C. 38.16　　　　D. 36

9. 甲广告公司为增值税一般纳税人，2023 年 12 月，提供广告服务取得含增值税销售额 424 万元、奖励费 4.24 万元；支付设备租赁费取得增值税专用发票注明税额 16 万元。已知广告设计服务增值税税率为 6%。甲广告公司当月应缴纳增值税税额为（　　）万元。

    A. 9.69　　　　B. 8　　　　　C. 8.25　　　　D. 8.24

10. 根据增值税法律制度的规定，增值税一般纳税人发生的下列情形中，进项税额准予从销项税额中抵扣的是（　　）。

    A. 将购进货物用于生产免税产品

    B. 将购进货物用于职工福利

    C. 将购进货物用于生产应税产品

    D. 将购进货物用于个人消费

11. 甲公司为增值税一般纳税人，2023 年 12 月，员工王某在国内出差，取得注明王某身份信息的铁路车票和公路客票各一张，票面金额分别为 254 元和 309 元。已知铁路车票按 9%计算进项税额，公路客票按 3%计算进项税额。甲公司该笔业务准予抵扣的进项税额为（　　）元。

    A. 31.86　　　　B. 34.68　　　　C. 29.97　　　　D. 32.13

12. 甲汽修厂为按月纳税的增值税小规模纳税人，2023 年 12 月提供修理修配劳务取得含增值税销售额 161 600 元，出租仓库取得含增值税租金 6 060 元。已知增值税征收率为 1%。甲汽修厂当月应缴纳的增值税税额为（　　）元。

    A. 1 600　　　　B. 1 660　　　　C. 1 616　　　　D. 1 676.6

13. 甲公司为增值税一般纳税人，2023 年 12 月进口一批电子产品，海关审定的关税完税价格为 339 万元，缴纳进口关税 33.9 万元。已知增值税税率为 13%。甲公司该批电子产品在进口环节应缴纳的增值税税额为（　　）万元。

    A. 44.07　　　　B. 39　　　　　C. 42.9　　　　D. 48.48

14. 根据增值税法律制度的规定，纳税人采取分期收款方式销售货物，其增值税纳税义务发生时间为（　　）。

    A. 发出商品当天　　　　　　　B. 收到最后一笔货款当天

    C. 收到第一笔货款当天　　　　D. 合同约定的收款日期当天

15. 根据增值税法律制度的规定，纳税人进口货物，应当自海关填发海关进口增值税专用缴款书之日起一定期限内缴纳税款，该期限为（ ）。

    A. 15 日      B. 20 日      C. 30 日      D. 60 日

**二、多项选择题**

1. 根据增值税法律制度的规定，下列各项中，应按"销售无形资产"缴纳增值税的有（ ）。

    A. 转让著作权              B. 转让土地使用权
    C. 转让网络游戏虚拟道具     D. 转让在建建筑物所有权

2. 根据增值税法律制度的规定，单位或者个体工商户的下列行为中，应视同销售货物征收增值税的有（ ）。

    A. 将外购的货物分配给股东    B. 将外购的货物用于个人消费
    C. 将自产的货物无偿赠送他人    D. 将自产的货物用于集体福利

3. 根据增值税法律制度的规定，下列各项中，属于不征收增值税项目的有（ ）。

    A. 存款利息
    B. 信用卡透支利息收入
    C. 被保险人获得的保险赔付
    D. 房地产主管部门代收的住宅专项维修资金

4. 根据增值税法律制度的规定，下列项目中，免征增值税的有（ ）。

    A. 进口生产用设备          B. 个人销售自己使用过的电视机
    C. 古旧图书                D. 国际组织无偿援助的进口物资

5. 根据增值税法律制度的规定，纳税人销售货物向购买方收取的下列款项中，应计入销售额的有（ ）。

    A. 包装物租金          B. 销项税额
    C. 手续费             D. 运输装卸费

6. 根据增值税法律制度的规定，一般纳税人的下列进项税额中，不得从销项税额中抵扣的有（ ）。

    A. 购进用作职工福利的货物所支付的进项税额
    B. 购进生产用燃料所支付的进项税额
    C. 因管理不善被盗材料所支付的进项税额
    D. 购进生产免税产品用材料所支付的进项税额

7. 根据增值税法律制度的规定，一般纳税人购进的下列服务中，其进项税额不得抵扣的有（　　　）。

    A. 贷款服务　　B. 餐饮服务　　　C. 住宿服务　　D. 娱乐服务

8. 根据增值税法律制度的规定，下列关于增值税纳税义务发生时间的表述中，正确的有（　　　）。

    A. 采取赊销方式销售货物的，为货物发出的当天

    B. 采取预收货款方式销售货物的，为货物发出的当天

    C. 采取托收承付方式销售货物的，为发出货物并办妥托收手续的当天

    D. 发生视同销售货物行为的，为货物移送的当天

### 三、判断题

1. 出租车公司向使用本公司自有出租车的出租车司机收取的管理费用，按照租赁服务缴纳增值税。（　　）

2. 纳税人转让建筑物永久使用权的，按租赁服务缴纳增值税。（　　）

3. 纳税人将委托加工的货物用于集体福利，应视同销售货物缴纳增值税。（　　）

4. 被保险人获得的保险赔付属于增值税征税项目。（　　）

5. 个人销售的自己使用过的物品免征增值税。（　　）

6. 增值税的起征点适用于登记为一般纳税人的个体工商户。（　　）

7. 金银首饰以旧换新业务，可以按销售方实际收取的不含增值税的全部价款征收增值税。（　　）

8. 纳税人进口货物，应当向报关地海关申报缴纳增值税。（　　）

### 四、计算题

1. 甲企业为增值税一般纳税人，2023年12月发生下列经济业务。

（1）购进A材料，取得增值税专用发票注明金额100万元、税额13万元；支付运输费用，取得增值税普通发票注明金额2万元、税额0.18万元。

（2）从农业生产者手中购买农产品，开具农产品收购发票注明金额20万元。该农产品在本月因管理不善被盗30%。

（3）销售B产品，取得含增值税销售额227.13万元。

（4）将研制的新产品（不属于应税消费品）作为福利发放给职工。该新产品生产成本10万元，成本利润率10%，市场上无同类产品售价。

已知：甲企业取得的增值税专用发票均符合抵扣规定；销售货物适用的增值税税率为13%；购进农产品的扣除率为9%。

要求：计算甲企业本月应缴纳的增值税税额。

2. 甲便利店为按月纳税的增值税小规模纳税人，2023年12月零售商品取得含增值税销售额202 000元；将一批外购商品无偿赠送给物业公司用于社区活动，该批商品的含增值税价格为707元。

已知：增值税征收率为1%。

要求：计算甲便利店当月应缴纳的增值税税额。

3. 甲服装公司为增值税一般纳税人，2023年12月进口一批服装面料，海关审定的关税完税价格为50万元。该批服装面料分别按5%和13%的税率向海关缴纳了进口关税和进口环节增值税，并取得了相关完税凭证。

已知：增值税税率为13%。

要求：计算甲服装公司当月进口该批服装面料应缴纳的增值税税额。

### 👆税收历史专栏

## 苏东坡、王安石税改之争

苏东坡（公元1037年—1101年）与王安石（公元1021年—1086年）均是宋代的文坛巨匠，同在"唐宋八大家"之列，在当时的政治舞台上也各有建树，尤其是王安石变法对后世产生了深远的影响。然而，十分敬重王安石学识的苏东坡，却是王安石变法的反对派，特别是在赋役制度改革方面，两人分歧较大。

1069年，宋神宗任命王安石为参知政事，主持变法。王安石在赋役制度方面推出了均输法、募役法等改革措施。

当时，政府除了征收田赋外，还要向各地征收土特产作为贡品，每年不论丰歉，州府都要按定额发送京城。改革中，王安石推行均输法，设发运使统管淮南富庶六路（省区），凡京城所需贡品，就近直输京城，过剩贡品就地卖掉。同时，政府拨款五百万缗（贯），丰年低价购储部分物资，移丰补歉。苏东坡反对均输法，认为这既加重了政府的财政负担，又影响了国家的商税收入。国家"五百万缗以予之，此钱一出，恐不可复。纵使其间薄有所获，而征商（税）之额所损必多"，是"亏商税而取均输之利"。

改革中，王安石还推行募役法，规定应服役之户，一律依照政府划分的等级，随同夏秋两税缴纳免役钱，不再服差役。政府用这些免役钱雇人服役。苏东坡认为"自古役人必用乡户，犹食之必用五谷……虽其间或有以他物充代，然终非天下所可常行。"改百姓出力为出钱，是对百姓利益的一种损害。尤其是遇灾年可免赋税，但役钱不能免，等于增加一项苛税。"二害轻重，盖略相等，今以彼易此，民未必乐"，因此苏东坡坚决反对募役法。

但苏东坡并非像司马光一样保守，只是反对王安石急于求利，他希望通过缓和的改革，兴利除弊。苏东坡主张"轻赋役"，提出减免零售商的赋税，刺激商业的发展，增加商税收入。"小商人不出税钱，则所在争来分买。大商既不积滞，则轮流贩卖，收税必多。"苏东坡在被贬为地方官时，曾减赋赈荒，不断兴革，也颇有政声。

两人虽政见上有分歧，但在许多方面仍互相欣赏。王安石去世后，苏东坡撰文写下了"瑰玮之文，足以藻饰万物；卓绝之行，足以风动四方"，给予了王安石高度评价。

# 单元三

## 消费税

在日常生活中，消费税与我们的消费行为息息相关。消费税是在对货物普遍征收增值税的基础上，选择少数消费品再征收的一个税种，主要是为了调节产品结构，引导消费方向，保证国家财政收入。我国现行消费税应税消费品包括四大类：第一类是过度消费会对人类健康、社会秩序、生态环境等方面造成危害的特殊消费品，如烟、酒、鞭炮、焰火、木制一次性筷子、实木地板、电池、涂料等；第二类是奢侈品，如贵重首饰及珠宝玉石、高档手表、高尔夫球及球具、高档化妆品等；第三类是高能耗消费品，如小轿车、摩托车、游艇等；第四类是不可再生和替代的石油类消费品，如成品油。

## 🔒 素质目标

1. 培养学生爱岗敬业、诚实守信的职业道德
2. 培养学生遵纪守法、诚信纳税的意识
3. 培养学生的社会责任感
4. 培养学生树立正确的消费观

### 知识目标

1. 掌握消费税的征税范围、税目及纳税人
2. 了解消费税的税率
3. 熟悉消费税的征收管理

### 能力目标

1. 会计算消费税的应纳税额
2. 能解读《消费税及附加税费申报表》

本单元讲解消费税，任务导图如图 3-1 所示。

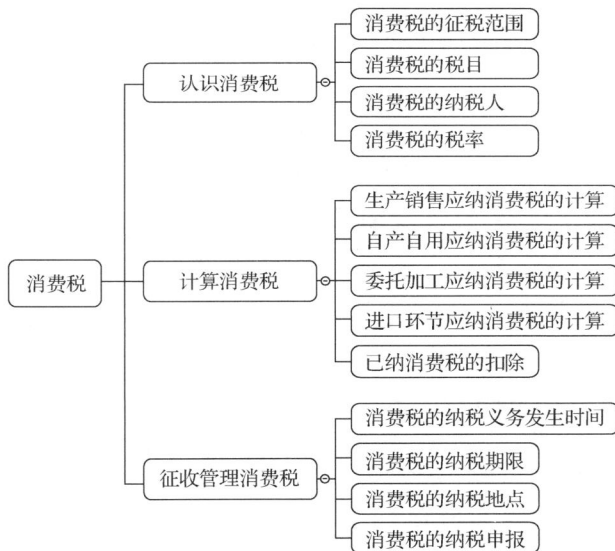

```
                    ┌── 消费税的征税范围
                    │
          ┌ 认识消费税 ┼── 消费税的税目
          │         │
          │         ├── 消费税的纳税人
          │         │
          │         └── 消费税的税率
          │
          │         ┌── 生产销售应纳消费税的计算
          │         │
          │         ├── 自产自用应纳消费税的计算
          │         │
  消费税 ─┼ 计算消费税 ┼── 委托加工应纳消费税的计算
          │         │
          │         ├── 进口环节应纳消费税的计算
          │         │
          │         └── 已纳消费税的扣除
          │
          │         ┌── 消费税的纳税义务发生时间
          │         │
          └ 征收管理消费税 ┼── 消费税的纳税期限
                    │
                    ├── 消费税的纳税地点
                    │
                    └── 消费税的纳税申报
```

图 3-1　消费税任务导图

## 任务一　认识消费税

1993 年 12 月 13 日，国务院颁布了《中华人民共和国消费税暂行条例》（以下简称《消费税暂行条例》），同年 12 月 25 日，财政部颁布了《中华人民共和国消费税暂行条例实施细则》，自 1994 年 1 月 1 日，对 11 种需要限制或调节的消费品开征了消费税。2008 年，为了配合增值税转型改革及修订《增值税暂行条例》的需要，有关部门对《消费税暂行条例》进行了修订。此后，有关部门对消费税的征收范围进行了多次调整。

# 一、消费税的征税范围

消费税是对在我国境内从事生产、委托加工和进口《消费税暂行条例》规定的消费品的单位和个人，就其销售额或销售数量，在特定环节征收的一种税。征收消费税的应税消费品包括烟，酒，高档化妆品，贵重首饰及珠宝玉石，鞭炮、焰火，成品油，摩托车，小汽车，高尔夫球及球具，高档手表，游艇，木制一次性筷子，实木地板，电池，涂料。消费税的征税范围包括下列内容。

## （一）生产应税消费品

纳税人生产的应税消费品，于纳税人销售时纳税。

纳税人自产自用的应税消费品，用于连续生产应税消费品的，不纳税；用于其他方面的，于移送使用时纳税。

### 名词点击

**用于其他方面**

用于其他方面，是指纳税人将自产自用应税消费品用于生产非应税消费品、在建工程、管理部门、非生产机构、提供劳务、馈赠、赞助、集资、广告、样品、职工福利、奖励等方面。

## （二）委托加工应税消费品

委托加工的应税消费品，是指由委托方提供原料和主要材料，受托方只收取加工费和代垫部分辅助材料加工的应税消费品。

### 相关链接

对于由受托方提供原材料生产的应税消费品，或者受托方先将原材料卖给委托方，然后再接受加工的应税消费品，以及由受托方以委托方名义购进原材料生产的应税消费品，无论在财务上是否做销售处理，都不得作为委托加工应税消费品，而应当按照销售自制应税消费品缴纳消费税。

委托加工的应税消费品，除受托方为个人外，由受托方在向委托方交货时代收代缴消费税。委托个人加工的应税消费品，由委托方收回后缴纳消费税。

委托加工的应税消费品直接出售的，不再缴纳消费税。

## （三）进口应税消费品

单位和个人进口应税消费品，于报关进口时缴纳消费税，并由海关代征。

## （四）零售应税消费品

（1）商业零售金银首饰。金银首饰、钻石及钻石饰品、铂金首饰消费税改为零售环节征税。

（2）零售超豪华小汽车。自 2016 年 12 月 1 日起，对超豪华小汽车，在生产（进口）环节按现行税率征收消费税的基础上，在零售环节加征消费税。

## （五）批发销售卷烟、电子烟

自 2015 年 5 月 10 日起，将卷烟批发环节从价税税率由 5%提高至 11%，并按 0.005 元/支加征从量税。

自 2022 年 11 月 1 日起，对从事生产、批发电子烟业务的单位和个人征收消费税。

> **试一试**
>
> 根据消费税法律制度的规定，下列情形中，属于消费税征税范围的有（　　）。
>
> A. 金店零售金银首饰　　　　B. 商场零售高档化妆品
>
> C. 4S 店零售超豪华小汽车　　D. 超市零售电子烟

# 二、消费税的税目

根据《消费税暂行条例》的规定，我国现行消费税税目共 15 个，具体内容如下。

## （一）烟

凡是以烟叶为原料加工生产的产品，不论使用何种辅料，均属于本税目的征收范围。本税目包括卷烟、雪茄烟、烟丝、电子烟 4 个子目。卷烟，包括甲类卷烟和乙类卷烟。

> **议一议**
>
> 烟草是传统消费品，世界各国大多对烟草实行高价高税的"寓禁于征"

政策。世卫组织数据显示，吸烟每年使近 600 万人失去生命，如不采取行动，到 2030 年，这一数字将增加到 800 万。

每年的 5 月 31 日为"世界无烟日"。开展无烟日活动旨在提醒世人吸烟有害健康，呼吁全世界吸烟者主动放弃吸烟，号召所有烟草生产者、销售者和整个国际社会一起行动，投身到反吸烟运动中去，为人类创造一个无烟草环境。

议一议吸烟的危害以及创造无烟草环境的意义。

### （二）酒

本税目包括白酒、黄酒、啤酒、其他酒 4 个子目。白酒，包括粮食白酒和薯类白酒。啤酒，包括甲类啤酒和乙类啤酒。

对饮食业、商业、娱乐业举办的啤酒屋（啤酒坊）利用啤酒生产设备生产的啤酒，应当征收消费税。对以黄酒为酒基生产的配制或泡制酒，按其他酒征收消费税。调味料酒不征收消费税。

### （三）高档化妆品

本税目征收范围包括各类高档美容、修饰类化妆品，高档护肤类化妆品和成套化妆品。

舞台、戏剧、影视演员化妆用的上妆油、卸妆油、油彩、发胶和头发漂白剂等，不属于本税目征收范围。

### （四）贵重首饰及珠宝玉石

本税目的征税范围包括各种金银珠宝首饰和经采掘、打磨、加工的各种珠宝玉石。

### （五）鞭炮、焰火

本税目征收范围包括各种鞭炮、焰火，具体包括喷花类、旋转类、旋转升空类、火箭类、吐珠类、线香类、小礼花类、烟雾类、造型玩具类、爆竹类、摩擦炮类、组合烟花类、礼花弹类等。

体育上用的发令纸、鞭炮药引线，不按本税目征收。

### （六）成品油

本税目包括汽油、柴油、石脑油、溶剂油、润滑油、燃料油、航空煤油 7

个子目。

## （七）摩托车

本税目征税范围包括气缸容量为 250 毫升的摩托车和气缸容量在 250 毫升（不含）以上的摩托车两种。

## （八）小汽车

本税目包括乘用车、中轻型商用客车和超豪华小汽车 3 个子目。

电动汽车、沙滩车、雪地车、卡丁车、高尔夫车、企业购进货车或厢式货车改装生产的商务车、卫星通信车不属于消费税征收范围，不征收消费税。

---

**ABC 名词点击**

### 超豪华小汽车

超豪华小汽车，是每辆零售价格 130 万元（不含增值税）及以上的乘用车和中轻型商用客车，即乘用车和中轻型商用客车子目中的超豪华小汽车。对超豪华小汽车，在生产（进口）环节按现行税率征收消费税的基础上，在零售环节加征消费税。将超豪华小汽车销售给消费者的单位和个人为超豪华小汽车零售环节的纳税人。

---

## （九）高尔夫球及球具

本税目的征税范围包括高尔夫球、高尔夫球杆及高尔夫球包（袋）、高尔夫球杆的杆头、杆身和握把。

## （十）高档手表

高档手表是指销售价格（不含增值税）每只在 1 万元以上（含 1 万元）的各类手表。本税目征收范围包括符合以上标准的各类手表。

## （十一）游艇

本税目征收范围包括艇身长度大于 8 米（含）小于 90 米（含），内置发动机，可以在水上移动，一般为私人或团体购置，主要用于水上运动和休闲娱乐等非营利活动的各类机动艇。

### （十二）木制一次性筷子

本税目征收范围包括各种规格的木制一次性筷子和未经打磨、倒角的木制一次性筷子。

### （十三）实木地板

本税目征收范围包括各类规格的实木地板、实木指接地板、实木复合地板及用于装饰墙壁、天棚的侧端面为榫、槽的实木装饰板以及未经涂饰的素板。

### （十四）电池

电池，是一种将化学能、光能等直接转换为电能的装置，范围包括原电池、蓄电池、燃料电池、太阳能电池和其他电池。

对无汞原电池、金属氢化物镍蓄电池（又称"氢镍蓄电池"或"镍氢蓄电池"）、锂原电池、锂离子蓄电池、太阳能电池、燃料电池和全钒液流电池免征消费税。

### （十五）涂料

涂料是指涂于物体表面能形成具有保护、装饰或特殊性能的固态涂膜的一类液体或固体材料的总称。

对施工状态下挥发性有机物（Volatile Organic Compound，VOC）含量低于 420 克/升（含）的涂料免征消费税。

## 三、消费税的纳税人

在中华人民共和国境内生产、委托加工和进口应税消费品的单位和个人，以及国务院确定的销售《消费税暂行条例》规定的消费品的其他单位和个人，为消费税的纳税人。具体包括以下纳税人。

（1）生产销售除金银首饰、钻石及钻石饰品、铂金首饰以外的应税消费品的单位和个人。

（2）零售金银首饰、钻石及钻石饰品、铂金首饰的单位和个人。

（3）委托加工应税消费品的单位和个人。

（4）进口除金银首饰、钻石及钻石饰品、铂金首饰以外的应税消费品的单位和个人。

（5）批发卷烟、电子烟的单位和个人。

（6）零售超豪华小汽车的单位和个人。

> **试一试**
>
> 根据消费税法律制度的规定，下列单位中，属于消费税纳税人的有（　　）。
>
> A. 销售自产啤酒的啤酒厂
> B. 委托加工烟丝的卷烟厂
> C. 进口钻石的首饰加工厂
> D. 零售超豪华小汽车的 4S 店

## 四、消费税的税率

现行消费税税目、税率如表 3-1 所示。

表 3-1　现行消费税税目、税率

| 税目 | 税率 |
| --- | --- |
| 一、烟 | |
| 　1. 卷烟 | |
| 　　（1）甲类卷烟（生产环节） | 56%加 30 元/万支 |
| 　　（2）乙类卷烟（生产环节） | 36%加 30 元/万支 |
| 　　（3）批发环节 | 11%加 50 元/万支 |
| 　2. 雪茄烟 | 36% |
| 　3. 烟丝 | 30% |
| 　4. 电子烟 | |
| 　　（1）生产（进口）环节 | 36% |
| 　　（2）批发环节 | 11% |
| 二、酒 | |
| 　1. 白酒 | 20%加 0.5 元/500 克（或 500 毫升） |
| 　2. 黄酒 | 240 元/吨 |
| 　3. 啤酒 | |
| 　　（1）甲类啤酒 | 250 元/吨 |
| 　　（2）乙类啤酒 | 220 元/吨 |
| 　4. 其他酒 | 10% |
| 三、高档化妆品 | 15% |

续表

| 税目 | 税率 |
| --- | --- |
| 四、贵重首饰及珠宝玉石 | |
|     1. 金银首饰、铂金首饰和钻石及钻石饰品 | 5% |
|     2. 其他贵重首饰和珠宝玉石 | 10% |
| 五、鞭炮、焰火 | 15% |
| 六、成品油 | |
|     1. 汽油 | 1.52 元/升 |
|     2. 柴油 | 1.20 元/升 |
|     3. 航空煤油 | 1.20 元/升 |
|     4. 石脑油 | 1.52 元/升 |
|     5. 溶剂油 | 1.52 元/升 |
|     6. 润滑油 | 1.52 元/升 |
|     7. 燃料油 | 1.20 元/升 |
| 七、摩托车 | |
|     1. 气缸容量（排气量，下同）在 250 毫升的 | 3% |
|     2. 气缸容量在 250 毫升以上的 | 10% |
| 八、小汽车 | |
|     1. 乘用车 | |
|     （1）气缸容量（排气量）在 1.0 升（含 1.0 升）以下的 | 1% |
|     （2）气缸容量在 1.0 升以上至 1.5 升（含 1.5 升）的 | 3% |
|     （3）气缸容量在 1.5 升以上至 2.0 升（含 2.0 升）的 | 5% |
|     （4）气缸容量在 2.0 升以上至 2.5 升（含 2.5 升）的 | 9% |
|     （5）气缸容量在 2.5 升以上至 3.0 升（含 3.0 升）的 | 12% |
|     （6）气缸容量在 3.0 升以上至 4.0 升（含 4.0 升）的 | 25% |
|     （7）气缸容量在 4.0 升以上的 | 40% |
|     2. 中轻型商用客车 | 5% |
|     3. 超豪华小汽车（零售环节） | 10% |
| 九、高尔夫球及球具 | 10% |
| 十、高档手表 | 20% |
| 十一、游艇 | 10% |
| 十二、木制一次性筷子 | 5% |
| 十三、实木地板 | 5% |
| 十四、电池 | 4% |
| 十五、涂料 | 4% |

> **记一记**
>
> 　　纳税人兼营不同税率的应税消费品，应当分别核算不同税率应税消费品的销售额、销售数量；未分别核算销售额、销售数量，或者将不同税率的应税消费品组成成套消费品销售的，从高适用税率。

## 任务二　计算消费税

　　消费税应纳税额的计算分为从价定率计征、从量定额计征和从价定率与从量定额复合计征 3 种办法，又分生产销售、自产自用、委托加工、进口应税消费品等不同情形的计算。

### 一、生产销售应纳消费税的计算

#### （一）从价定率计算

实行从价定率办法计征消费税的，其计算公式如下。

$$应纳税额＝销售额×比例税率$$

#### 1. 销售额的一般规定

销售额为纳税人销售应税消费品向购买方收取的全部价款和价外费用，但不包括向购货方收取的增值税税款。

#### 2. 含税销售额的换算

　　如果纳税人应税消费品的销售额中未扣除增值税税款或者因不得开具增值税专用发票而采取价税合计形式收取货款的，在计算消费税税额时，应将销售额换算成不含增值税的销售额后再进行计算，其换算公式如下。

$$应税消费品的销售额＝含增值税的销售额÷（1＋增值税税率或征收率）$$

#### 3. 销售额的特殊规定

　　（1）对包装物的处理规定。应税消费品连同包装物销售的，无论包装物是否单独计价，也不论在会计上如何核算，均应并入应税消费品的销售额中缴纳消费税。

　　如果包装物不作价随同产品销售，而是收取押金，此项押金则不应并入应税消费品的销售额中征税。但对因逾期未收回的包装物不再退还的和已收取的时间超过 12 个月的押金，应并入应税消费品的销售额，按照应税消费品的适用税率征收消费税。

对酒类生产企业销售酒类产品而收取的包装物押金，无论押金是否返还及会计上如何核算，均应并入酒类产品销售额中，依酒类产品的适用税率征收消费税。

> **试一试**
>
> 葡萄酒生产企业在销售自产葡萄酒时向购买方收取的下列款项中，应并入销售额计征消费税的有（ ）。
> A. 价款 　　　 B. 销项税额 　　　 C. 包装物押金 　　 D. 包装费

（2）纳税人通过自设非独立核算门市部销售的自产应税消费品，应当按照门市部对外销售额或者销售数量征收消费税。

> **试一试**
>
> 甲汽车厂为增值税一般纳税人，2023年12月将一批自产小汽车交付自设非独立核算门市部用于销售，该批小汽车不含增值税售价900万元。门市部将其零售，取得含增值税销售额1 130万元。已知增值税税率为13%，小汽车消费税税率为3%。计算甲汽车厂该笔业务应缴纳消费税税额的下列算式中，正确的是（ ）。
> A. 900×3%=27（万元）
> B. 1 130×3%=33.90（万元）
> C. 1 130÷（1+13%）×3%=30（万元）
> D. 900×3%+1 130÷（1+13%）×3%=57（万元）

（3）纳税人用于换取生产资料和消费资料、投资入股和抵偿债务等方面的应税消费品，应当以纳税人同类应税消费品的最高销售价格作为计税依据计算消费税。

> **试一试**
>
> 甲游艇厂为增值税一般纳税人，2023年12月将20艘自产游艇对外投资，自产游艇生产成本11 000元/艘，不含增值税的平均售价12 300元/艘，最高售价13 000元/艘，最低售价12 000元/艘。已知游艇消费税税率为10%。计算甲游艇厂该笔业务应缴纳消费税税额的下列算式中，正确的是（ ）。
> A. 20×11 000×10%=22 000（万元）
> B. 20×12 300×10%=24 600（万元）

C.　20×13 000×10%=26 000（万元）

D.　20×12 000×10%=24 000（万元）

（4）纳税人采用以旧换新（含翻新改制）方式销售金银首饰，应按实际收取的不含增值税的全部价款确定计税依据征收消费税。

【例3-1】甲化妆品生产企业为增值税一般纳税人，2023年12月向乙公司销售自产高档化妆品一批，取得不含增值税价款200万元，同时收取含增值税包装费1.13万元；向丙公司销售自产高档化妆品一批，取得含增值税销售额339万元。

**已知：**高档化妆品消费税税率为15%。

**要求：**计算甲化妆品生产企业上述业务应缴纳的消费税税额。

**解析：**销售额=200+1.13÷（1+13%）+339÷（1+13%）=501（万元）

应缴纳的消费税税额=501×15%=75.15（万元）

## （二）从量定额计算

实行从量定额办法计征消费税的，其计算公式如下。

$$应纳税额=销售数量×定额税率$$

销售数量是指纳税人生产、加工和进口应税消费品的数量，具体规定如下。

（1）销售应税消费品的，为应税消费品的销售数量。

（2）自产自用应税消费品的，为应税消费品的移送使用数量。

（3）委托加工应税消费品的，为纳税人收回的应税消费品数量。

（4）进口应税消费品的，为海关核定的应税消费品进口征税数量。

【例3-2】甲啤酒厂2023年12月销售自产甲类啤酒800吨，该啤酒不含增值税出厂价格为3 300元/吨。

**已知：**消费税税率为250元/吨。

**要求：**计算甲啤酒厂当月应缴纳的消费税税额。

**解析：**啤酒属于实行从量定额办法计征消费税的应税消费品；销售自产啤酒的，计税依据为自产啤酒的销售数量。

应缴纳的消费税税额=销售数量×定额税率=800×250=200 000（元）

## （三）从价定率与从量定额复合计算

白酒和卷烟实行从价定率与从量定额相结合的复合计税办法征收消费税，其计算公式如下。

$$应纳税额=销售额×比例税率+销售数量×定额税率$$

【例3-3】甲酒厂为增值税一般纳税人，2023年12月销售自产粮食白酒5 000

千克，取得不含增值税销售额 300 000 元，同时收取包装物押金 3 390 元。

**已知**：白酒消费税定额税率为 1 元/千克，比例税率为 20%。

**要求**：计算甲酒厂当月应缴纳的消费税税额。

**解析**：销售自产酒类产品收取的包装物押金，无论包装物是否单独计价，也不论在会计上如何核算，均应并入酒类产品的销售额中征收消费税。

销售额=300 000+3 390÷（1+13%）=303 000（元）

应缴纳的消费税税额=303 000×20%+5 000×1=65 600（元）

## 二、自产自用应纳消费税的计算

纳税人自产自用的应税消费品，用于连续生产应税消费品的，不纳税；用于其他方面的，于移送使用时，按照纳税人的同类应税消费品的销售价格计算纳税；没有同类消费品销售价格的，按照组成计税价格计算纳税。

实行从价定率办法计征消费税的，其计算公式如下。

组成计税价格=（成本+利润）÷（1-比例税率）

应纳税额=组成计税价格×比例税率

实行复合计税办法计征消费税的，其计算公式如下。

组成计税价格=（成本+利润+自产自用数量×定额税率）÷（1-比例税率）

应纳税额=组成计税价格×比例税率+自产自用数量×定额税率

应税消费品全国平均成本利润率由国家税务总局确定。具体标准如表 3-2 所示。

表 3-2　应税消费品全国平均成本利润率

| 货物名称 | 成本利润率/% | 货物名称 | 成本利润率/% |
|---|---|---|---|
| 1. 甲类卷烟 | 10 | 12. 木制一次性筷子 | 5 |
| 2. 乙类卷烟 | 5 | 13. 贵重首饰及珠宝玉石 | 6 |
| 3. 雪茄烟 | 5 | 14. 摩托车 | 6 |
| 4. 烟丝 | 5 | 15. 中轻型商用客车 | 5 |
| 5. 电子烟 | 10 | 16. 乘用车 | 8 |
| 6. 粮食白酒 | 10 | 17. 高尔夫球及球具 | 10 |
| 7. 薯类白酒 | 5 | 18. 高档手表 | 20 |
| 8. 其他酒 | 5 | 19. 游艇 | 10 |
| 9. 高档化妆品 | 5 | 20. 电池 | 4 |
| 10. 鞭炮、焰火 | 5 | 21. 涂料 | 7 |
| 11. 实木地板 | 5 | | |

**【例 3-4】**甲涂料厂 2023 年 12 月将一批新研发的涂料用于在建工程，该批涂料无同类产品市场销售价格，生产成本 60 000 元。

**已知：**涂料消费税税率为 4%，成本利润率为 7%。

**要求：**计算甲涂料厂该笔业务应缴纳的消费税税额。

**解析：**将自产涂料用于在建工程，应缴纳消费税；无同类产品市场销售价格，应按组成计税价格计税。

组成计税价格=（60 000+60 000×7%）÷（1-4%）=66 875（元）

应缴纳的消费税税额=66 875×4%=2 675（元）

**【例 3-5】**甲炼油厂 2023 年 12 月销售自产汽油 800 吨、柴油 300 吨，向本厂在建工程车辆提供自产汽油 1 吨。

**已知：**汽油消费税税率为 1.52 元/升，柴油消费税税率为 1.2 元/升。汽油每吨 1 388 升，柴油每吨 1 176 升。

**要求：**计算甲炼油厂当月应缴纳的消费税税额。

**解析：**汽油、柴油属于实行从量定额办法计税的应税消费品；自产自用汽油的，应计征消费税，计税依据为汽油的移送使用数量。

应缴纳的消费税税额=（800+1）×1 388×1.52+300×1 176×1.2=2 113 277.76（元）

**【例 3-6】**甲酒厂 2023 年 12 月特制 500 千克粮食白酒用于职工福利，该白酒生产成本 20 000 元，成本利润率 10%，无同类白酒市场售价。

**已知：**白酒消费税定额税率为 1 元/千克，比例税率为 20%。

**要求：**计算甲酒厂当月该笔业务应缴纳的消费税税额。

**解析：**白酒属于实行复合计税办法计征消费税的应税消费品；自产白酒用于职工福利，应计征消费税，无同类产品市场售价，应按组成计税价格计税。

从量征收消费税税额=500×1=500（元）

从价征收消费税税额=（20 000+20 000×10%+500×1）÷（1-20%）×20%=5 625（元）

应缴纳的消费税税额=5 625+500=6 125（元）

## 三、委托加工应纳消费税的计算

委托加工的应税消费品，按照受托方的同类消费品的销售价格计算纳税，没有同类消费品销售价格的，按照组成计税价格计算纳税。

实行从价定率办法计征消费税的，其计算公式如下。

组成计税价格=（材料成本+加工费）÷（1-比例税率）

应纳税额=组成计税价格×比例税率

实行复合计税办法计征消费税的，其计算公式如下。

组成计税价格=（材料成本+加工费+委托加工数量×定额税率）÷（1-比例税率）

应纳税额=组成计税价格×比例税率+委托加工数量×定额税率

> **记一记**
>
> 加工费是指受托方加工应税消费品向委托方收取的全部费用，包括代垫辅助材料的实际成本，不包括增值税税款。

**【例3-7】**甲球具厂2023年12月受托为乙公司加工一批高尔夫球，委托加工合同约定乙公司提供原材料成本12万元，甲球具厂收取不含增值税的加工费1.5万元。该批高尔夫球无同类产品市场售价。

**已知**：高尔夫球消费税税率为10%。

**要求**：计算甲球具厂该笔业务应代收代缴的消费税税额。

**解析**：组成计税价格=（12+1.5）÷（1-10%）=15（万元）

应代收代缴的消费税税额=15×10%=1.5（万元）

**【例3-8】**甲酒厂受托为丙公司加工1 000千克粮食白酒，委托加工合同注明丙公司提供原材料，成本50 000元，不含增值税加工费5 000元。甲酒厂同类白酒销售价格为70元/千克。

**已知**：白酒消费税定额税率为1元/千克，比例税率为20%。

**要求**：计算甲酒厂该笔业务应代收代缴的消费税税额。

**解析**：白酒属于实行复合计税办法计征消费税的应税消费品；委托加工完毕后，丙公司去提货时，甲酒厂应代收代缴消费税；因为甲酒厂有同类白酒销售价格，使用同类白酒销售价格计征消费税。

从量征收消费税税额=1 000×1=1 000（元）

从价征收消费税税额=1 000×70×20%=14 000（元）

应代收代缴的消费税税额=1 000+14 000=15 000（元）

## 四、进口环节应纳消费税的计算

纳税人进口应税消费品，按照组成计税价格和规定的税率计算应纳消费税税额。

（1）实行从价定率办法计征消费税的，其计算公式如下。

组成计税价格=（关税完税价格+关税）÷（1-消费税比例税率）

应纳税额=组成计税价格×消费税比例税率

（2）实行复合计税办法计征消费税的，其计算公式如下。

组成计税价格=（关税完税价格+关税+进口数量×定额税率）÷（1-消费税比例税率）

应纳税额=组成计税价格×消费税比例税率+进口数量×定额税率

**【例 3-9】** 甲汽车贸易公司 2023 年 12 月进口 100 辆小汽车，海关核定的关税完税价格为 18.2 万元/辆，按规定缴纳关税 364 万元。

**已知：** 小汽车消费税税率为 9%，增值税税率为 13%。

**要求：** 计算甲汽车贸易公司该笔业务进口环节应缴纳的消费税税额和增值税税额。

**解析：** 组成计税价格=（100×18.2+364）÷（1-9%）=2 400（万元）

应缴纳的消费税税额=2 400×9%=216（万元）

应缴纳的增值税税额=2 400×13%=312（万元）

## 五、已纳消费税的扣除

为避免重复征税，现行消费税法规规定，将外购应税消费品和委托加工收回的应税消费品继续生产应税消费品销售的，可以将外购应税消费品和委托加工收回的应税消费品已缴纳的消费税给予扣除。

### （一）外购应税消费品已纳税款的扣除

由于某些应税消费品是用外购已缴纳消费税的应税消费品连续生产出来的，在对这些连续生产出来的应税消费品计算征税时，税法规定应按当期生产领用数量计算准予扣除外购的应税消费品已纳的消费税税款。

上述当期准予扣除外购应税消费品已纳消费税税款的计算公式如下。

当期准予扣除的外购应税消费品买价=期初库存的外购应税消费品的买价+
当期购进的应税消费品的买价-期末
库存的外购应税消费品的买价

当期准予扣除的外购应税消费品已纳税款=当期准予扣除的外购应税消费品
买价×外购应税消费品适用税率

📖 **记一记**

税法规定的扣除范围包括以下 9 种情形。

（1）外购以已税烟丝为原料生产的卷烟。

（2）外购以已税高档化妆品为原料生产的高档化妆品。

（3）外购以已税珠宝、玉石为原料生产的贵重首饰及珠宝、玉石。

（4）外购以已税鞭炮、焰火为原料生产的鞭炮、焰火。

（5）外购以已税杆头、杆身和握把为原料生产的高尔夫球杆。

（6）外购以已税木制一次性筷子为原料生产的木制一次性筷子。

（7）外购以已税实木地板为原料生产的实木地板。

（8）外购以已税石脑油、润滑油、燃料油为原料生产的成品油。

（9）外购以已税汽油、柴油为原料生产的汽油、柴油。

【例 3-10】甲卷烟厂用外购已税烟丝生产卷烟。2023 年 12 月月初库存外购烟丝的不含增值税买价为 10 万元，当月又外购烟丝的不含增值税买价为 40 万元。月末库存外购烟丝的不含增值税买价为 20 万元，其余烟丝被当月生产卷烟领用。

**已知**：烟丝消费税税率为 30%。

**要求**：计算甲卷烟厂当月准予扣除的外购烟丝已纳消费税税款。

**解析**：当月准予扣除的外购烟丝买价=10+40-20=30（万元）

当月准予扣除的外购烟丝已纳消费税税款=30×15%=4.5（万元）

## （二）委托加工收回的应税消费品已纳税款的扣除

委托加工的应税消费品因为已由受托方代收代缴消费税，因此，委托方收回货物后用于连续生产应税消费品的，其已纳税款准予按照规定从连续生产的应税消费品应纳消费税税额中抵扣。

### 记一记

下列连续生产的应税消费品准予从应纳消费税税额中按当期生产领用数量计算扣除委托加工收回的应税消费品已纳消费税税款。

（1）以委托加工收回的已税烟丝为原料生产的卷烟。

（2）以委托加工收回的已税高档化妆品为原料生产的高档化妆品。

（3）以委托加工收回的已税珠宝、玉石为原料生产的贵重首饰及珠宝、玉石。

（4）以委托加工收回的已税鞭炮、焰火为原料生产的鞭炮、焰火。

（5）以委托加工收回的已税杆头、杆身和握把为原料生产的高尔夫球杆。

（6）以委托加工收回的已税木制一次性筷子为原料生产的木制一次性筷子。

（7）以委托加工收回的已税实木地板为原料生产的实木地板。

（8）以委托加工收回的已税石脑油、润滑油、燃料油为原料生产的成品油。

（9）以委托加工收回的已税汽油、柴油为原料生产的汽油、柴油。

上述当期准予扣除委托加工收回的应税消费品已纳消费税税款的计算公式如下。

当期准予扣除的委托加工应税消费品已纳税款=期初库存的委托加工应税消费品
的已纳税款+当期收回的委托加工
应税消费品的已纳税款-期末库存
的委托加工应税消费品的已纳税款

**【例3-11】**甲卷烟厂2023年12月委托乙烟丝加工厂加工一批烟丝，甲卷烟厂提供的烟叶在委托加工合同中注明成本为60 000元。烟丝当月加工完，甲卷烟厂提货时支付不含增值税的加工费3 700元，并支付了乙烟丝加工厂按烟丝组成计税价格计算的消费税税款。当月，甲卷烟厂将这批加工好的烟丝的40%直接销售，60%用于生产甲类卷烟。

**已知：**烟丝消费税税率为30%。

**要求：**计算甲卷烟厂该笔业务准予抵扣的消费税税款。

**解析：**委托加工收回烟丝的40%直接销售不再缴纳消费税；以委托加工收回的烟丝为原料生产卷烟准予按当期生产领用数量计算扣除委托加工收回的应税消费品已纳消费税税款。

委托加工烟丝的组成计税价格=（60 000+3 700）÷（1-30%）=91 000（元）

委托加工烟丝的已纳消费税税额=91 000×30%=27 300（元）

准予抵扣的消费税税款=27 300×60%=16 380（元）

## 任务三　征收管理消费税

### 一、消费税的纳税义务发生时间

消费税纳税义务发生时间，以货款结算方式或行为发生时间分别确定。

（1）纳税人销售应税消费品，其纳税义务发生时间按不同的销售结算方式分为以下几种。

① 采取赊销和分期收款结算方式的，为书面合同约定的收款日期的当天，书面合同没有约定收款日期或者无书面合同的，为发出应税消费品的当天。

② 采取预收货款结算方式的，为发出应税消费品的当天。

③ 采取托收承付和委托银行收款方式的，为发出应税消费品并办妥托收手续的当天。

④ 采取其他结算方式的，为收讫销售款或者取得索取销售款凭据的当天。

（2）纳税人自产自用应税消费品的，为移送使用的当天。

（3）纳税人委托加工应税消费品的，为纳税人提货的当天。

（4）纳税人进口应税消费品的，为报关进口的当天。

**试一试**

2023 年 12 月，甲地板厂采取委托银行收款方式销售自产实木地板给乙公司，12 月 9 日签订书面合同，12 月 15 日发出实木地板，12 月 18 日到银行办妥托收手续，12 月 29 日收到货款。甲地板厂该笔业务消费税纳税义务发生时间为（　　）。

A. 12 月 9 日　　B. 12 月 15 日　　C. 12 月 18 日　　D. 12 月 29 日

## 二、消费税的纳税期限

消费税的纳税期限分别为 1 日、3 日、5 日、10 日、15 日、1 个月或者 1 个季度。纳税人的具体纳税期限，由税务机关根据纳税人应纳税额的大小分别核定；不能按照固定期限纳税的，可以按次纳税。

纳税人以 1 个月或者 1 个季度为 1 个纳税期的，自期满之日起 15 日内申报纳税；以 1 日、3 日、5 日、10 日或者 15 日为 1 个纳税期的，自期满之日起 5 日内预缴税款，于次月 1 日起 15 日内申报纳税并结清上月应纳税款。

纳税人进口应税消费品，应当自海关填发海关进口消费税专用缴款书之日起 15 日内缴纳税款。

## 三、消费税的纳税地点

（1）纳税人销售的应税消费品，以及自产自用的应税消费品，除国务院财政、税务主管部门另有规定外，应当向纳税人机构所在地或者居住地的税务机关申报纳税。

（2）委托加工的应税消费品，除受托方为个人外，由受托方向机构所在地或者居住地的税务机关解缴消费税税款。受托方为个人的，由委托方向机构所在地的税务机关申报纳税。

（3）进口的应税消费品，由进口人或者代理人向报关地海关申报纳税。

## 四、消费税的纳税申报

自 2021 年 8 月 1 日起，消费税与城市维护建设税、教育费附加、地方教育附加申报表整合，《消费税及附加税费申报表》如表 3-3 所示。消费税纳税人应按照税务机关核定的纳税期限，如实填写并报送纳税申报资料。

## 表3-3 消费税及附加税费申报表

税款所属期：

纳税人识别号（统一社会信用代码）：

纳税人名称：                                                金额单位：元（列至角、分）

| 项目 / 应税消费品名称 | 适用税率 | | 计税单位 | 本期销售数量 | 本期销售额 | 本期应纳税额 |
|---|---|---|---|---|---|---|
| | 定额税率 | 比例税率 | | | | |
| | 1 | 2 | 3 | 4 | 5 | 6=1×4+2×5 |
| | | | | | | |
| | | | | | | |
| 合计 | — | — | — | — | — | |

| | 栏次 | 本期税费额 |
|---|---|---|
| 本期减（免）税额 | 7 | |
| 期初留抵税额 | 8 | |
| 本期准予扣除税额 | 9 | |
| 本期应扣除税额 | 10 | |
| 本期实际扣除税额 | 11[10<（6-7），则为10，否则为6-7] | |
| 期末留抵税额 | 12=10-11 | |
| 本期预缴税额 | 13 | |
| 本期应补（退）税额 | 14=6-7-11-13 | |
| 城市维护建设税本期应补（退）税额 | 15 | |
| 教育费附加本期应补（退）费额 | 16 | |
| 地方教育附加本期应补（退）费额 | 17 | |

声明：此表是根据国家税收法律法规及相关规定填写的，本人（单位）对填报内容（及附带资料）的真实性、可靠性、完整性负责。

纳税人（签章）：     年     月     日

| 经办人：<br>经办人身份证号：<br>代理机构签章：<br>代理机构统一社会信用代码： | 受理人：<br>受理税务机关（章）：<br>受理日期：     年     月     日 |
|---|---|

# 课后练习

## 一、单项选择题

1. 根据消费税法律制度的规定，纳税人将自产应税消费品用于下列用途中，不缴纳消费税的是（　　）。

    A. 用于在建工程　　　　　　　B. 用于馈赠

    C. 用于连续生产应税消费品　　D. 用于职工福利

2. 根据消费税法律制度的规定，下列各项中，属于委托加工应税消费品的是（　　）。

    A. 委托方提供原料，受托方收取加工费加工的应税消费品

    B. 受托方提供原材料生产的应税消费品

    C. 受托方先将原材料卖给委托方，然后再接受加工的应税消费品

    D. 受托方以委托方名义购进原材料生产的应税消费品

3. 根据消费税法律制度的规定，下列各项中，属于消费税征收范围的是（　　）。

    A. 电动汽车　　　　　　　　　B. 中轻型商用客车

    C. 卡丁车　　　　　　　　　　D. 高尔夫车

4. 根据消费税法律制度的规定，下列单位中，属于消费税纳税人的是（　　）。

    A. 进口金银首饰的单位　　　　B. 从事白酒批发的单位

    C. 委托加工实木地板的单位　　D. 受托加工涂料的单位

5. 纳税人将不同税率的应税消费品组成成套消费品销售的，计征消费税时适用的税率为（　　）。

    A. 应税消费品的平均税率

    B. 应税消费品的最高税率

    C. 分别适用应税消费品的不同税率

    D. 应税消费品的最低税率

6. 甲汽车经销商为增值税一般纳税人，2023 年 12 月零售超豪华小汽车 1 辆，取得含增值税销售额 226 万元。已知超豪华小汽车消费税税率为 10%。甲汽车经销商当月该笔业务应缴纳的消费税税额为（　　）万元。

    A. 22.6　　　　B. 20　　　　　C. 22　　　　　D. 18

7. 甲啤酒厂 2023 年 12 月生产 300 吨啤酒，对外销售 230 吨，赞助啤酒节 50 吨，奖励优秀员工 1 吨，月末库存 19 吨。已知消费税税率为 250 元/吨。

甲啤酒厂当月应缴纳的消费税税额为（　　　　）元。

    A. 75 000　　　　B. 57 500　　　　C. 70 000　　　　D. 70 250

8. 甲卷烟厂研发生产了一种新型卷烟，2023 年 12 月生产 20 箱作为样品用于市场推广，生产成本为 500 000 元，没有同类产品市场销售价格。已知经税务机关批准，卷烟适用的比例税率为 56%，定额税率为 150 元/箱，成本利润率为 10%。甲卷烟厂该笔业务应缴纳的消费税税额为（　　　　）万元。

    A. 706 818.18　　B. 703 000　　　　C. 311 000　　　　D. 283 000

9. 2023 年 12 月，甲烟丝加工厂受托为乙卷烟厂加工一批烟丝，委托加工合同约定乙卷烟厂提供的烟叶成本为 80 000 元，支付不含增值税的加工费为 4 000 元。已知烟丝消费税税率为 30%。甲烟丝加工厂交货时应代收代缴的消费税税额为（　　　　）元。

    A. 19 384.62　　B. 24 000　　　　C. 25 200　　　　D. 36 000

10. 根据消费税法律制度的规定，委托加工的应税消费品，受托企业解缴消费税税款的地点为（　　　　）。

    A. 委托方机构所在地的税务机关　　B. 受托方机构所在地的税务机关
    C. 委托方核算地的税务机关　　　　D. 受托方加工地的税务机关

## 二、多项选择题

1. 根据消费税法律制度的规定，下列情形中，应征收消费税的有（　　　　）。
    A. 汽车经销商零售超豪华小汽车　B. 商场零售金银首饰
    C. 手机专卖店零售智能手机　　　D. 超市零售卷烟

2. 根据消费税法律制度的规定，下列各项中，属于"高档化妆品"税目征收范围的有（　　　　）。
    A. 高档美容类化妆品　　　　　　B. 高档修饰类化妆品
    C. 高档护肤类化妆品　　　　　　D. 成套化妆品

3. 根据消费税法律制度的规定，下列各项中，属于消费税征收范围的有（　　　　）。
    A. 高尔夫球　B. 高尔夫球杆　C. 高尔夫球包　D. 高尔夫车

4. 根据消费税法律制度的规定，下列单位中，属于消费税纳税人的有（　　　　）。
    A. 受托加工应税消费品的单位
    B. 委托加工应税消费品的单位
    C. 生产销售应税消费品（金银首饰等除外）的单位

D. 进口应税消费品（金银首饰等除外）的单位

5. 下列情形中，应以其同类应税消费品的最高销售价格为计税依据计征消费税的有（　　　）。

A. 甲汽车厂以自产小汽车投资入股

B. 乙烟丝厂以自产烟丝抵偿债务

C. 丙电池厂以自产电池换取生产资料

D. 丁涂料厂以自产涂料换取消费资料

6. 根据消费税法律制度的规定，下列关于从量计征消费税计税依据的表述中，正确的有（　　　）。

A. 销售应税消费品的，为应税消费品的销售数量

B. 进口应税消费品的，为纳税人自行申报的应税消费品数量

C. 自产自用应税消费品的，为应税消费品移送使用数量

D. 委托加工应税消费品的，为纳税人收回的应税消费品数量

7. 根据消费税法律制度的规定，纳税人外购应税消费品连续生产应税消费品的下列情形中，准予扣除已缴纳的消费税税款的有（　　　）。

A. 用外购的已税杆头、杆身和握把为原料生产的高尔夫球杆

B. 用外购的已税白酒为原料生产的药酒

C. 用外购的已税烟丝生产的卷烟

D. 用外购的已税实木地板原料生产的实木地板

8. 根据消费税法律制度的规定，下列关于消费税纳税义务发生时间的表述中，正确的有（　　　）。

A. 采取赊销结算方式的，为书面合同约定的收款日期的当天

B. 采取预收货款结算方式的，为收到预收货款的当天

C. 采取托收承付收款方式的，为发出应税消费品并办妥托收手续的当天

D. 委托加工应税消费品的，为纳税人提货的当天

### 三、判断题

1. 高档化妆品在生产、批发、零售环节均需缴纳消费税。　　　　　　　（　　　）

2. 金银首饰在零售环节征收消费税。　　　　　　　　　　　　　　　（　　　）

3. 将不同税率的应税消费品组成成套消费品销售的，从高适用税率计征消费税。　　　　　　　　　　　　　　　　　　　　　　　　　　　（　　　）

4. 纳税人自产自用的应税消费品用于连续生产非应税消费品的，不计征消费税。　　　　　　　　　　　　　　　　　　　　　　　　　　　（　　　）

5. 委托加工应税消费品的，受托方为消费税纳税人。　　　　（　　　）

6. 纳税人进口应税消费品的，于报关进口时申报缴纳消费税。　（　　　）

## 四、计算题

1. 甲公司为增值税一般纳税人，主要从事高档化妆品的生产、进口和销售业务。2023 年 12 月，有关生产经营情况如下。

（1）进口一批高档化妆品，海关核定的关税完税价格为 102 万元，甲公司按规定向海关申报缴纳了关税、进口环节消费税和增值税，并取得了相关完税凭证。

（2）作为职工福利，向公司职工发放一批新研发的高档化妆品。该批化妆品不含增值税销售价格为 75 万元。

（3）委托乙公司加工一批高档化妆品，提供的材料成本为 80 万元，支付乙公司不含增值税加工费 5 万元，当月收回该批委托加工的高档化妆品，乙公司无同类化妆品销售价格。

已知：高档化妆品消费税税率为 15%，增值税税率为 13%，关税税率为 25%。

要求：根据上述资料完成下列计算。

（1）计算甲公司当月进口环节应缴纳的消费税税额和增值税税额。

（2）计算甲公司当月作为职工福利发放高档化妆品应缴纳的消费税税额和增值税税额。

（3）计算乙公司受托加工高档化妆品应代收代缴的消费税税额。

2. 乙酒厂为增值税一般纳税人，2023 年 12 月，购进免税粮食一批，支付价款 30 000 元，验收入库后本月全部生产领用；购进设备一台，取得增值税专用发票注明金额 100 000 元、税额 13 000 元。本月销售自产粮食白酒 5 吨，取得不含增值税销售额 200 000 元；销售自产啤酒 100 吨，自产啤酒不含增值税出厂价格为 2 500 元/吨。

已知：免税农产品的扣除率为 10%；白酒的消费税比例税率为 20%，定额税率为 1 元/千克；啤酒消费税税率为 220 元/吨；增值税税率为 13%。

要求：计算乙酒厂当月应缴纳的增值税税额和消费税税额。

🖝 税收历史专栏

### 唐朝的茶文化与茶税

　　唐王朝经贞观之治，国家统一，社会安定，农业生产能力和技术得到进一步发展。同时，大运河贯通南北水道、航运业日趋发达等客观条件，大大促进了茶的消费、生产和贸易。随着道教和佛教在各个地区、阶层、领域的渗入，茶的饮用习惯也走向底层。后来唐中期又禁酒，许多人不得不寻找替代的饮料，茶逐渐走入寻常百姓家。

随着饮茶蔚然成风，茶叶已成为受消费者欢迎的大宗商品，这刺激了种茶、制茶和贩茶的积极性。南方逐渐有农民专门以种茶为生，茶叶种植已成为农业生产中的一个重要分支。另外，唐代各民族之间的文化交流也空前繁荣，茶叶文化也逐渐向边疆少数民族地区传播。茶叶因可解油腻，对以肉和奶为主食的少数民族来说，是很好的补充饮食，受到他们的广泛欢迎。到唐玄宗时期，唐王朝开设了用于与西北少数民族交易的茶马互市，即用茶叶去交换北方的马匹以及纺织品等商品，开启了中原地区与少数民族地区的茶叶贸易之门，也使中原的统治者发现了可以和少数民族进行利益交换与控制的商品"茶叶"。

安史之乱后，唐朝国库日渐空虚，随着茶叶经济在经济总量中的比例日益扩大，茶叶交易的税收问题开始被重视起来。唐德宗建中元年（公元780年）实行茶税。兴元元年（公元784年）罢茶税。贞元九年（公元793年）张滂奏立税茶法，复茶税，以代水旱田租，化为常税，产茶州县和茶山就地征税，商人贩茶以"三等定估，十取其一"，这是茶叶首次作为一个独立的商品被征税，茶之有税，自此始也，税率为百分之十，茶税收入为一年约四十万贯。

长庆元年（公元821年），茶税税率增为百分之十五，至宣宗大中六年（公元852年）更通过当时盐铁转运使裴休在长沙立《税茶十二法》，一方面规范了地方政府税收征收行为；另一方面打击偷税行为，还对茶农的生产制定了一定的保护措施，使茶商、园户都满意，促进了茶叶的生产和贸易，税率未增，却实现了税收倍增。

为管理好茶税，唐代相继设立"盐茶道""盐铁使"等官职，茶税在财政收入中的比例逐步增加，到唐宣宗时（公元846年—859年），"天下税茶，增倍贞元"，茶税年收入达八十万贯，已成与盐、铁等税并列的主要性税种，这距离茶税的开征还不到百年。

# 单元四

## 城市维护建设税及教育费附加

多年来，我国城市建设取得了很大的成就，但是随着经济社会的发展，城市维护建设的资金不足是非常突出的问题。为了给城市维护建设提供稳定可靠的资金来源，满足地方对公共事业、公共设施建设的资金需要，国务院于 1985 年 2 月 8 日发布了《中华人民共和国城市维护建设税暂行条例》。2020 年 8 月 11 日第十三届全国人民代表大会常务委员会第二十一次会议通过了《中华人民共和国城市维护建设税法》。城市维护建设税为城市维护建设提供较为稳定可靠的资金，从而为促进地方经济的发展创造良好的条件。

### 🔒 素质目标

1. 培养学生爱岗敬业、诚实守信的职业道德
2. 培养学生遵纪守法、诚信纳税的意识
3. 培养学生的社会责任感

### 🔒 知识目标

1. 掌握城市维护建设税及教育费附加的纳税人

2. 了解城市维护建设税及教育费附加的税收优惠
3. 熟悉城市维护建设税及教育费附加的征收管理

## 能力目标

1. 会计算城市维护建设税及教育费附加的应纳税额
2. 能完成城市维护建设税及教育费附加的申报

本单元讲解城市维护建设税及教育费附加，任务导图如图 4-1 所示。

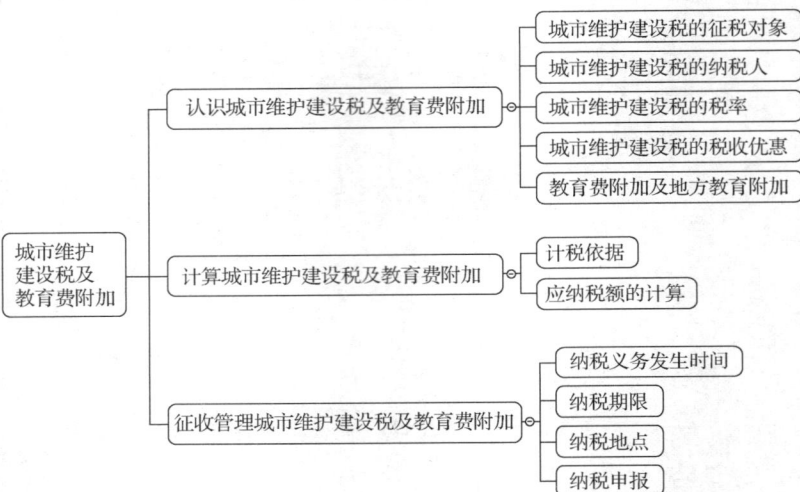

图 4-1　城市维护建设税及教育费附加任务导图

## 任务一　认识城市维护建设税及教育费附加

城市维护建设税，是指以单位和个人实际缴纳的增值税、消费税税额为计税依据而征收的一种税，征收该税的主要目的是筹集城镇设施建设和维护资金。

### 一、城市维护建设税的征税对象

城市维护建设税属于特定目的税，是国家为加强城市的维护建设，扩大和稳定城市维护建设资金的来源而采取的一项税收措施。城市维护建设税同时具有附加税性质，以纳税人实际缴纳的增值税、消费税税额为计税依据，附加于增值税、消费税税额。城市维护建设税本身并没有特定的、独立的征税对象。

## 👤 二、城市维护建设税的纳税人

在中华人民共和国境内缴纳增值税、消费税的单位和个人，为城市维护建设税的纳税人。城市维护建设税扣缴义务人为负有增值税、消费税扣缴义务的单位和个人。

## 👤 三、城市维护建设税的税率

城市维护建设税实行差别比例税率，按照纳税人所在地区的不同，设置了 3 档比例税率，如表 4-1 所示。

表 4-1　城市维护建设税税率

| 纳税人所在地 | 税率 | 特别规定 |
| --- | --- | --- |
| 市区 | 7% | ① 由受托方代扣代缴、代收代缴"增值税、消费税"的单位和个人，其代扣代缴、代收代缴的城市维护建设税按受托方所在地适用的税率缴纳 |
| 县城、镇 | 5% | |
| 不在市区、县城或者镇 | 1% | ② 对流动经营等无固定纳税地点的单位和个人，在经营地按适用的税率缴纳城市维护建设税 |

## 👤 四、城市维护建设税的税收优惠

城市维护建设税原则上不单独减免，但因其具有附加税性质，当增值税、消费税发生减免时，城市维护建设税也相应发生减免。具体有以下几种情形。

（1）对进口货物或者境外单位和个人向境内销售劳务、服务、无形资产缴纳的增值税、消费税税额，不征收城市维护建设税。

（2）对出口货物、劳务和跨境销售服务、无形资产以及因优惠政策退还增值税、消费税的，不退还已缴纳的城市维护建设税。

（3）对增值税、消费税实行先征后返、先征后退、即征即退办法的，除另有规定外，随增值税、消费税附征的城市维护建设税，一律不予退（返）还。

## 👤 五、教育费附加及地方教育附加

教育费附加及地方教育附加是对缴纳增值税、消费税的单位和个人，以其实际缴纳的增值税、消费税税额为计税依据征收的一种附加费。教育费附加及地方教育附加，是为了加快发展地方教育事业、增加地方教育经费的资金而征收的一项专用基金。

教育费附加及地方教育附加对缴纳增值税、消费税的单位和个人征收，以其实际缴纳的增值税、消费税税额为计征依据，分别与增值税、消费税同时缴纳。现行教育费附加征收比率为3%，地方教育附加征收比率为2%。

## 任务二　计算城市维护建设税及教育费附加

### 一、计税依据

城市维护建设税、教育费附加及地方教育附加均以纳税人依法实际缴纳的增值税、消费税税额为计税依据。

> **名词点击**
>
> **依法实际缴纳的增值税、消费税税额**
>
> 依法实际缴纳的增值税、消费税税额，是指纳税人依照增值税、消费税相关法律法规和税收政策规定计算的应当缴纳的两税税额（不含因进口货物或境外单位和个人向境内销售劳务、服务、无形资产缴纳的两税税额），加上增值税免抵税额，扣除直接减免的两税税额和期末留抵退税退还的增值税税额后的金额。

### 二、应纳税额的计算

城市维护建设税应纳税额、教育费附加及地方教育附加的计算公式如下。

城市维护建设税应纳税额=实际缴纳的增值税、消费税税额×适用税率

应纳教育费附加=实际缴纳的增值税、消费税税额×征收比率

应纳地方教育附加=实际缴纳的增值税、消费税税额×征收比率

【例4-1】甲公司为增值税一般纳税人，2023年12月向税务机关缴纳增值税30万元、消费税10万元、印花税1万元。

**已知**：城市维护建设税税率为7%，教育费附加征收比率为3%，地方教育附加征收比率为2%。

**要求**：计算甲公司当月应缴纳的城市维护建设税税额、教育费附加及地方教育附加。

**解析**：应缴纳的城市维护建设税税额=（30+10）×7%=2.8（万元）

应纳教育费附加=（30+10）×3%=1.2（万元）

应纳地方教育附加=（30+10）×2%=0.8（万元）

## 任务三 征收管理城市维护建设税及教育费附加

### 一、纳税义务发生时间

城市维护建设税、教育费附加及地方教育附加的纳税义务发生时间均与增值税、消费税的纳税义务发生时间一致，分别与增值税、消费税同时缴纳。

### 二、纳税期限

城市维护建设税、教育费附加及地方教育附加的纳税期限均与增值税、消费税的纳税期限一致。不能按固定期限纳税的，可以按次纳税。

### 三、纳税地点

城市维护建设税、教育费附加及地方教育附加的纳税地点为缴纳增值税、消费税的地点。扣缴义务人应当向其机构所在地或者居住地的主管税务机关申报缴纳其扣缴的税款。有特殊情况的，按下列原则和办法确定纳税地点。

（1）代扣代缴、代收代缴增值税、消费税的单位和个人，同时也是城市维护建设税、教育费附加及地方教育附加的代扣代缴、代收代缴义务人，其纳税地点为代扣代收地。

（2）对流动经营无固定纳税地点的单位和个人，随同增值税、消费税在经营地纳税。

### 四、纳税申报

自 2021 年 8 月 1 日起，增值税、消费税分别与城市维护建设税、教育费附加及地方教育附加申报表整合。纳税人填写增值税、消费税相关申报信息后，自动带入附加税费附列资料。

## 课后练习

**一、单项选择题**

1. 甲公司为增值税一般纳税人，2023 年 12 月向税务机关实际缴纳增值税 200 万元、消费税 150 万元、税收滞纳金 5 万元。已知城市维护建设税税率为 7%。甲公司当月应缴纳的城市维护建设税税额为（　　　　）万元。

    A. 10.5　　　　　B. 14　　　　　　　C. 24.5　　　　　D. 24.85

2. 甲外贸公司为增值税一般纳税人，2023 年 12 月向税务机关缴纳增值税 200 万元、消费税 150 万元；向海关缴纳增值税 26 万元、消费税 30 万元。已知城市维护建设税税率为 5%。甲外贸公司当月应缴纳的城市维护建设税税额为（　　）万元。

  A. 9     B. 11.3     C. 17.5     D. 20.3

3. 甲公司为增值税一般纳税人，2023 年 12 月应向税务机关缴纳增值税 100 万元，实际缴纳增值税 90 万元；收到按照留抵退税规定退还的增值税 60 万元。已知教育费附加征收率为 3%。甲公司当月应缴纳的教育费附加为（　　）万元。

  A. 0.9     B. 1.2     C. 2.7     D. 3

4. 根据城市维护建设税法律制度的规定，下列关于城市维护建设税的表述中，正确的是（　　）。

  A. 对进口货物缴纳增值税的，征收城市维护建设税

  B. 对进口货物缴纳消费税的，征收城市维护建设税

  C. 对出口货物退还增值税的，不退还已缴纳的城市维护建设税

  D. 对出口货物退还消费税的，退还已缴纳的城市维护建设税

## 二、多项选择题

1. 根据城市维护建设税法律制度的规定，我国境内的下列单位和个人中，属于城市维护建设税的纳税人的有（　　）。

  A. 缴纳增值税的单位      B. 缴纳增值税的个人

  C. 缴纳消费税的单位      D. 缴纳消费税的个人

2. 根据城市维护建设税法律制度的规定，下列各项中，属于城市维护建设税计税依据的有（　　）。

  A. 偷逃增值税而被查补的税款    B. 偷逃增值税而加收的滞纳金

  C. 进口环节缴纳的增值税税额    D. 销售货物缴纳的增值税税额

3. 根据城市维护建设税法律制度的规定，下列关于城市维护建设税的表述中，正确的有（　　）。

  A. 对进口货物缴纳增值税的，不征收城市维护建设税

  B. 对进口货物缴纳消费税的，不征收城市维护建设税

  C. 对出口货物退还增值税的，同时退还已缴纳的城市维护建设税

  D. 对出口货物退还消费税的，同时退还已缴纳的城市维护建设税

### 三、判断题

1. 增值税、消费税的纳税人也是城市维护建设税的纳税人。　　（　　　）

2. 对出口货物退还增值税、消费税的，同时退还已缴纳的城市维护建设税。　　　　　　　　　　　　　　　　　　　　　　　　　（　　　）

3. 对境外单位和个人向境内销售劳务、服务、无形资产缴纳增值税、消费税的，同时征收城市维护建设税。　　　　　　　　　　　（　　　）

4. 在计算城市维护建设税计税依据时应当按照规定扣除期末留抵退税退还的增值税税额。　　　　　　　　　　　　　　　　　　　（　　　）

---

### 📖 税收历史专栏

## 汉文帝免税创盛世

汉朝初年，外有匈奴屡屡进犯，内有异姓王的反叛，民生凋敝，百废待兴，连年的征战导致人民生活困苦，国家经济实力贫弱，正如《史记·平准书》所记载的那样："汉兴，接秦之弊，丈夫从军旅，老弱转粮饷，作业剧而财匮，自天子不能具钧驷，而将相或乘牛车，齐民无藏盖。"

《汉书·食货志》将秦朝的税收概括为"泰半之赋"，意思是百姓和商人要将其收入的一大半拿去缴纳各种名目的赋税。汉朝建立后，十分重视总结秦朝灭亡的教训，汉高祖刘邦提出休养生息的政策。《汉书》记载"轻田租，什五而税一，量吏禄，度官用，以赋于民"，田租税率降为十五分之一。

汉文帝即位后，将"轻徭薄赋"的政策继续发展，先是将田租税率减半，即按照三十分之一征收，之后更是在公元前167年6月下诏："农，天下之本，务莫大焉。今勤身从事而有租税之赋，是为本末者毋以异也，其于劝农之道未备。其除田之租税。"汉文帝正式免除全国田租，这是中国古代历史上第一次免除农业税。这项免税政策一共执行十三年，一直到汉文帝的儿子汉景帝继位后才恢复成"三十税一"的标准收取田租。

正是汉初高祖、文帝、景帝的共同努力，将减税政策一以贯之，使得汉朝出现了中国古代历史上第一个治世——"文景之治"。《资治通鉴·汉纪》记载这一时期："继以孝文、孝景，清净恭俭，安养天下，七十馀年之间，国家无事，非遇水旱之灾，民则人给家足"。这一时期粮价一降再降，百姓生活富足，国家经济繁荣，为汉武帝时全面盛世的出现奠定了坚实的基础。

# 单元五

## 关税

关税在我国的历史源远流长，西周建立后，随着经济的发展和贸易往来活动的频繁，开始在城门设立名为"关"的管理机构，并开征了"关市之赋"。到战国时期，关税的征收已得到普遍认同，这时，关税不仅是国家的重要财政来源，而且成为国家发展经济的战略工具。在现代关税制度中，关税还具有调节资源配置、平衡国际收支、调节社会供求等多种功能。

### 🔒 素质目标

1. 培养学生爱岗敬业、诚实守信的职业道德
2. 培养学生遵纪守法、诚信纳税的意识
3. 培养学生的社会责任感

### 🔒 知识目标

1. 掌握关税的征税对象、纳税人
2. 了解关税的税率、税收优惠
3. 熟悉关税的征收管理

---

🔒 **能力目标**

1. 会计算进口关税的应纳税额
2. 会计算出口关税的应纳税额

本单元讲解关税，任务导图如图 5-1 所示。

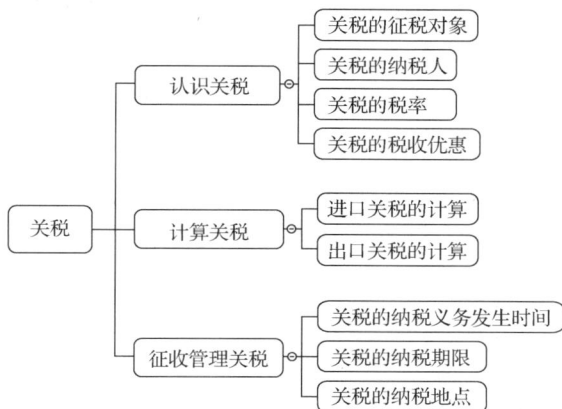

```
              ┌─ 认识关税 ─┬─ 关税的征税对象
              │           ├─ 关税的纳税人
              │           ├─ 关税的税率
              │           └─ 关税的税收优惠
              │
关税 ─────────┼─ 计算关税 ─┬─ 进口关税的计算
              │           └─ 出口关税的计算
              │
              └─ 征收管理关税 ─┬─ 关税的纳税义务发生时间
                            ├─ 关税的纳税期限
                            └─ 关税的纳税地点
```

图 5-1 关税任务导图

## 任务一 认识关税

关税是海关依法对进出境的货物和物品征收的一种税。关境又称税境，是指一国海关法规可以全面实施的境域。国境是一个主权国家的领土范围。关税一般分为进口关税、出口关税和过境关税。我国目前对进出境货物征收的关税分为进口关税和出口关税两类。

### 👤 一、关税的征税对象

关税的征税对象是进出境的货物和物品。货物是指贸易性商品，物品包括入境旅客随身携带的行李物品、各种运输工具上服务人员携带进口的自用物品、个人邮递物品、馈赠物品及以其他方式入境的个人物品。

### 👤 二、关税的纳税人

进口货物的收货人、出口货物的发货人、进境物品的所有人，是关税的纳税人。进出口货物的收发货人包括外贸进出口公司、工贸或农贸结合的进出口公司、其他经批准经营进出口商品的企业。进境物品的所有人包括入境旅客随身携带的行李、物品的持有人，各种运输工具上服务人员入境时携带自用物品的持有人，馈赠物品及以其他方式入境的个人物品的所有人，个人邮递物品的收件人。

---

**议一议**

空姐李某在 2020 年至 2021 年，多次在韩国免税店购买化妆品等货物，并以客带货方式从无申报通道携带入境，其在网店销售牟利，共计偷逃进口关税 113 万余元。一审以走私普通货物罪判处李某有期徒刑 11 年，罚金 50 万元。2023 年 5 月，某市高院二审将此案发回重审，12 月 17 日，判决李某有期徒刑 3 年，罚金 4 万元。

议一议为什么从境外购买商品携带入境必须履行报关手续并依法缴纳关税？

---

## 三、关税的税率

关税的税率分为进口税率和出口税率两种。

（1）进口税率。进口税率又分为普通税率、最惠国税率、协定税率、特惠税率、关税配额税率和暂定税率。进口货物适用何种关税税率是以进口货物的原产国为标准的。

（2）出口税率。我国对绝大部分出口货物不征收出口关税，只对少数产品征收出口关税。

## 四、关税的税收优惠

对有下列情形的货物，经海关审查无误后可以免征关税。

（1）关税税额在人民币 50 元以下的一票货物。

（2）无商业价值的广告品和货样。

（3）国际组织、外国政府无偿赠送的物资。

（4）进出境运输工具装载的途中必需的燃料、物料和饮食用品。

（5）因故退还的中国出口货物，可以免征进口关税，但已征收的出口关税，不予退还。

（6）因故退还的境外进口货物，可以免征出口关税，但已征收的进口关税，不予退还。

## 任务二 计算关税

我国对进出口货物征收关税，主要采取从价计征办法，以商品价格为标准征收关税。因此，关税主要以进出口货物的完税价格为计税依据。

### 一、进口关税的计算

进口关税一般实行从价计征办法，但对啤酒、原油等少数货物实行从量计征办法，对广播用录像机、放像机、摄像机等实行从价加从量的复合计征办法。此处介绍以完税价格为计税依据的从价计征方法。

#### （一）进口货物的完税价格

**1. 以成交价格为基础的完税价格**

进口货物的完税价格以成交价格以及该货物运抵我国境内输入地点起卸前的包装费、运费、保险费及其他劳务费等为基础审查确定。

> **记一记**
>
> 在货物交易过程中，进口人在成交价格外另支付给卖方的佣金，应计入成交价格，而向境外采购代理人支付的买方佣金则不能计入成交价格。卖方付给进口人的正常回扣，应从成交价格中扣除。

**2. 进口货物海关估价方法**

进口货物的价格不符合成交价格条件或者成交价格不能确定的，海关应当依次以相同货物成交价格法、类似货物成交价格法、国际市场价格法、国内市场价格倒扣法以及其他合理方法确定的价格为基础，估定完税价格。

#### （二）应纳税额的计算

从价计征关税税额是由进口货物的完税价格和进口关税税率确定的，其计算公式如下。

进口货物的应纳关税税额＝进口货物的完税价格×进口关税税率

【例 5-1】甲公司于 2023 年 12 月从法国进口一批红酒，支付境外的买价 215 万元，支付境外卖方的佣金 5 万元，支付运抵我国境内输入地点起卸前的运输费 18 万元、保险费和装卸费 12 万元。

**已知：**该批红酒关税税率为 14%、消费税税率为 10%、增值税税率为 13%。

**要求**：计算甲公司该批红酒在进口环节应缴纳的关税税额、消费税税额和增值税税额。

**解析**：关税完税价格 = 215+5+18+12=250（万元）

应缴纳的关税税额 = 250×14%=35（万元）

应缴纳的增值税税额 =（250+35）÷（1-10%）×13%=41.17（万元）

应缴纳的消费税税额 =（250+35）÷（1-10%）×10%=31.67（万元）

## 二、出口关税的计算

### （一）出口关税完税价格的确定

#### 1. 以成交价格为基础的完税价格

出口货物的完税价格由海关以该货物的成交价格以及该货物运至境内输出地点装载前的运输费、保险费及其相关费用为基础审查确定。但出口关税不计入完税价格。其计算公式如下。

$$出口货物的完税价格=离岸价格÷（1+出口关税税率）$$

#### 2. 出口货物海关估价方法

出口货物的成交价格不能确定时，完税价格由海关估定。估价方法同"进口货物海关估价方法"。

### （二）应纳税额的计算

出口货物关税税额是由出口货物的完税价格和出口关税税率确定的，其计算公式如下。

$$出口货物的应纳关税税额=出口货物的完税价格×出口关税税率$$

【例 5-2】甲外贸公司出口货物一批，海关审定的离岸价格为 330 万元。

**已知**：关税税率为 10%。

**要求**：计算甲外贸公司应缴纳的出口关税税额。

**解析**：关税完税价格 =330÷（1+10%）=300（万元）

应缴纳的出口关税税额 =300×10%=30（万元）

## 任务三 征收管理关税

## 一、关税的纳税义务发生时间

进口货物的纳税人应当自运输工具申报进境之日起 14 日内，出口货物的纳税人除海关特准的外，应当在货物运抵海关监管区后、装货的 24 小时以前，向货物的进出境地海关申报。进出口货物转关运输的，按照海关总署的规定执行。

## 二、关税的纳税期限

纳税人应当自海关填发税款缴款书之日起 15 日内向指定银行缴纳税款。纳税人未按期缴纳税款的，相关部门从滞纳税款之日起，按日加收滞纳税款万分之五的滞纳金。

纳税人因不可抗力或者在国家税收政策调整的情形下，不能按期缴纳税款的，经海关总署批准，可以延期缴纳税款，但是最长不得超过 6 个月。

## 三、关税的纳税地点

为方便纳税人，经申请和海关同意，进（出）口货物的纳税人可以在设有海关的指定地（启运地）办理海关申报、纳税手续。

## 课后练习

### 一、单项选择题

1. 根据关税法律制度的规定，下列各项中，不属于关税征税对象的是（　　　）。
   A. 入境的个人邮递物品
   B. 入境旅客随身携带的行李和物品
   C. 入境的贸易性商品
   D. 出境旅客随身携带的行李和物品

2. 根据关税法律制度的规定，下列不属于关税纳税人的是（　　　）。
   A. 进口货物的收货人　　　　　B. 出口货物的发货人
   C. 个人邮递物品的寄件人　　　D. 进境物品的所有人

3. 甲公司进口一台机器设备，成交价格为 404 万元人民币，成交价格中包含甲公司向其采购代理人支付的购货佣金 4 万元。到岸后支付境内运费和保险费共 1.5 万元。已知进口关税税率为 15%。甲公司该机器设备进口环节应缴纳的关税税额为（　　　）万元。
   A. 60　　　　　B. 60.6　　　　　C. 60.23　　　　　D. 60.825

4. 甲外贸公司出口一批货物，海关审定的离岸价格为 42 万元。已知出口关税税率为20%。甲外贸公司出口该批货物应缴纳的关税税额为（　　）万元。

    A. 7　　　　　　B. 8.33　　　　　C. 8.4　　　　　D. 10.5

5. 关税纳税人应当自海关填发税款缴款书之日起一定期限内向指定银行缴纳税款，该期限为（　　）天。

    A. 15　　　　　B. 30　　　　　C. 60　　　　　D. 90

## 二、多项选择题

1. 根据关税法律制度的规定，下列物品中，应征收关税的有（　　）。

    A. 入境旅客随身携带的行李和物品

    B. 个人邮寄入境的物品

    C. 运输工具上服务人员入境时携带的自用物品

    D. 出境旅客随身携带的行李和物品

2. 根据关税法律制度的规定，下列各项中，属于关税征税对象的有（　　）。

    A. 贸易性商品

    B. 入境旅客随身携带的高级化妆品

    C. 个人邮寄入境的物品

    D. 获赠进入国境的个人使用的小汽车

3. 根据关税法律制度的规定，下列税率中，属于我国进口关税税则所设的有（　　）。

    A. 最惠国税率　　　　　　　　B. 协定税率

    C. 优惠税率　　　　　　　　　D. 普通税率

4. 根据关税法律制度的规定，下列各项中，属于关税的纳税人的有（　　）。

    A. 进口货物的收货人　　　　　B. 出口货物的发货人

    C. 进口货物的发货人　　　　　D. 进境物品的所有人

5. 根据关税法律制度的规定，下列各项中，应计入进口货物关税完税价格的有（　　）。

    A. 由买方负担的购货佣金

    B. 由买方负担的境外包装材料费用

    C. 由买方负担的境外包装劳务费用

    D. 由买方负担的与进口货物视为一体的容器费用

### 三、判断题

1. 个人邮寄入境物品的收件人为关税的纳税人。　　　　　　　　（　　　）

2. 关税税额在人民币 500 元以下的一票货物经海关审核后可免征关税。
　　　　　　　　　　　　　　　　　　　　　　　　　　　　（　　　）

3. 出口关税应计入出口关税的完税价格。　　　　　　　　　　　（　　　）

4. 关税纳税人未按期缴纳关税的，从滞纳税款之日起，按日加收滞纳税款万分之五的滞纳金。　　　　　　　　　　　　　　　　　　（　　　）

### 四、计算题

甲外贸公司为增值税一般纳税人，2023 年 12 月从境外进口一批高档化妆品，支付境外价款 180 万元，支付境外采购代理人购货佣金 5 万元，支付该批货物运抵我国境内输入地点起卸前的运输费 16 万元、保险费和装卸费 4 万元，支付该批货物从海关地运往该企业的运输费 6 万元、装卸费和保险费 2 万元。

已知：关税税率为 6.25%，消费税税率为 15%，增值税税率为 13%。

要求：计算甲外贸公司该批高档化妆品进口环节应缴纳的关税税额、消费税税额和增值税税额。

---

✍️ **税收历史专栏**

#### 管仲巧用税收降鲁、梁

《管子·轻重戊》中记载的管仲以税收为武器，配合其他措施，不战而使鲁、梁两国屈服的故事十分有趣。

当时鲁、梁两国织绨业比较发达，管仲劝齐桓公穿上绨服（古代一种厚实而光滑的丝织品），使臣民仿行，并且大力鼓励进口，一千匹绨给金三百斤。鲁、梁有了金，就放松了征收赋税，大力发展织绨业的同时也松懈了农业生产。

一年后，管仲又建议齐桓公脱下绨服，改穿帛服，臣民也跟随换装，同时下令封闭边境，采取贸易壁垒。这时鲁、梁百姓缺粮少食，连基本的赋税也无法缴纳。鲁、梁去绨修农为时已晚，粮价比齐国高好几倍，两国人民纷纷逃往齐国，再加上政治经济的其他原因，不过三年时间，鲁、梁两国君王只好向齐国投降。这在税收史和战争史都可谓少见之事。

# 单元六

## 企业所得税

企业所得税是以企业的生产经营所得和其他所得为征税对象征收的一种所得税。国家征收企业所得税有利于企业经营和管理的规范，使企业间形成更为健康的竞争形态，还可以实现对产业结构的调整，鼓励和保护高科技、环保、农林牧渔等相关产业的发展，达到促进经济高质量发展的目标。

### 素质目标

1. 培养学生爱岗敬业、诚实守信的职业道德
2. 培养学生遵纪守法、诚信纳税的意识
3. 培养学生的社会责任感
4. 培养学生的创新能力

### 知识目标

1. 掌握企业所得税的纳税人、征税对象
2. 了解企业所得税的税率、税收优惠
3. 熟悉资产的税务处理、企业所得税的征收管理

## 能力目标

1. 会计算企业所得税的应纳税额
2. 能解读《企业所得税年度纳税申报表》

本单元讲解企业所得税，任务导图如图 6-1 所示。

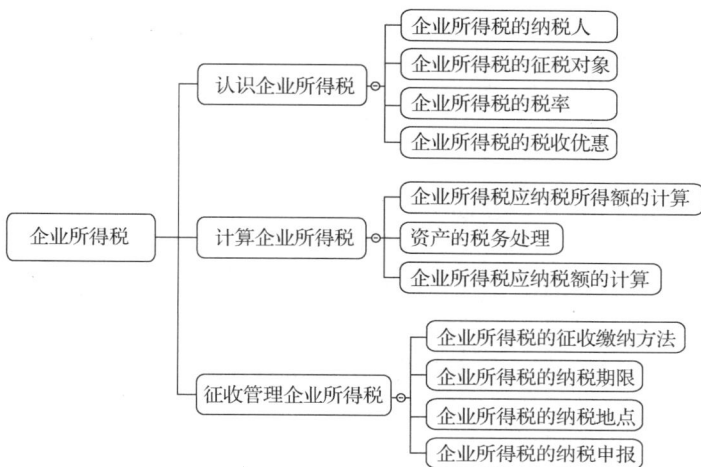

图 6-1 企业所得税任务导图

## 任务一 认识企业所得税

我国现行的企业所得税是以 2007 年 3 月 16 日第十届全国人民代表大会第五次会议审议通过并于 2008 年 1 月 1 日起实施的《中华人民共和国企业所得税法》（以下简称《企业所得税法》），以及 2007 年 12 月 6 日国务院公布的《中华人民共和国企业所得税法实施条例》（以下简称《企业所得税法实施条例》）为法律依据的。

## 一、企业所得税的纳税人

在中华人民共和国境内，企业和其他取得收入的组织（以下统称"企业"）为企业所得税的纳税人。个人独资企业和合伙企业不属于企业所得税的纳税人。企业分为居民企业和非居民企业，分别确定不同的纳税义务。

### （一）居民企业

居民企业是指依法在中国境内成立，或者依照外国（地区）法律成立但实际管理机构在中国境内的企业。实际管理机构，是指对企业的生产经营、人员、账务、财产等实施实质性全面管理和控制的机构。居民企业应当就来源于中国境内、境外的所得缴纳企业所得税。

### （二）非居民企业

非居民企业是指依照外国（地区）法律成立且实际管理机构不在中国境内，但在中国境内设立机构、场所的，或者在中国境内未设立机构、场所，但有来源于中国境内所得的企业。机构、场所，是指在中国境内从事生产经营活动的机构、场所。

## 二、企业所得税的征税对象

企业所得税的征税对象是企业取得的各项所得，包括销售货物所得、提供劳务所得、转让财产所得、股息红利等权益性投资所得、利息所得、租金所得、特许权使用费所得、接受捐赠所得和其他所得。

### （一）居民企业的征税对象

居民企业应当就其来源于中国境内、境外的所得缴纳企业所得税，但为了避免重复课税，对居民企业在境外已纳的所得税税款可以抵扣。

### （二）非居民企业的征税对象

非居民企业在中国境内设立机构、场所的，应当就其所设机构、场所取得的来源于中国境内的所得，以及发生在中国境外但与其所设机构、场所有实际联系的所得，缴纳企业所得税。

非居民企业在中国境内未设立机构、场所的，或者虽设立机构、场所但取得的所得与其所设机构、场所没有实际联系的，应当就其来源于中国境内的所得缴纳企业所得税。

> **相关链接**
>
> 来源于中国境内、境外的所得，按照以下原则确定。
> （1）销售货物所得，按照交易活动发生地确定。
> （2）提供劳务所得，按照劳务发生地确定。
> （3）转让财产所得，不动产转让所得按照不动产所在地确定，动产转让所得按照转让动产的企业或者机构、场所所在地确定，权益性投资资产

转让所得按照被投资企业所在地确定。

（4）股息、红利等权益性投资所得，按照分配所得的企业所在地确定。

（5）利息所得、租金所得、特许权使用费所得，按照负担、支付所得的企业或者机构、场所所在地确定，或者按照负担、支付所得的个人的住所地确定。

（6）其他所得，由国务院财政、税务主管部门确定。

# 三、企业所得税的税率

企业所得税实行比例税率。

居民企业以及在中国境内设立机构、场所且取得的所得与其所设的机构、场所有实际联系的非居民企业，适用税率为25%。

非居民企业在中国境内未设立机构、场所的，或者虽设立机构、场所但取得的所得与其所设机构、场所没有实际联系的，其取得的来源于中国境内的所得，减按10%的税率征收企业所得税。

国家需要重点扶持的高新技术企业，减按15%的税率征收企业所得税。

符合条件的小型微利企业，减按20%的税率征收企业所得税。

**ABC 名词点击**

## 小型微利企业

小型微利企业，是指从事国家非限制和禁止行业，并同时符合年度应纳税所得额不超过300万元；从业人数不超过300人；资产总额不超过5 000万元三个条件的企业。

自2023年1月1日至2024年12月31日，对小型微利企业的年应纳税所得额，减按25%计入应纳税所得额，按20%的税率缴纳企业所得税。

# 四、企业所得税的税收优惠

我国企业所得税的税收优惠包括免税收入、免征与减征、民族自治地方的减免税、加计扣除、抵扣应纳税所得额、加速折旧、减计收入、税额抵免等。

## （一）免税收入

企业的免税收入包括以下收入。

（1）国债利息收入。

（2）符合条件的居民企业之间股息、红利等权益性投资收益。

（3）在中国境内设立机构、场所的非居民企业从居民企业取得与该机构、场所有实际联系的股息、红利等权益性投资收益。

（4）符合条件的非营利组织的收入。

## （二）免征与减征

免征与减征的税收优惠包括以下几个方面。

（1）企业从事下列项目的所得，免征企业所得税。

① 蔬菜、谷物、薯类、油料、豆类、棉花、麻类、糖料、水果、坚果的种植。

② 农作物新品种的选育。

③ 中药材的种植。

④ 林木的培育和种植。

⑤ 牲畜、家禽的饲养。

⑥ 林产品的采集。

⑦ 灌溉、农产品初加工、兽医、农技推广、农机作业和维修等农、林、牧、渔服务业项目。

⑧ 远洋捕捞。

（2）企业从事下列项目的所得，减半征收企业所得税。

① 花卉、茶及其他饮料作物和香料作物的种植。

② 海水养殖、内陆养殖。

### 试一试

根据企业所得税法律制度的规定，企业从事下列项目的所得中，免征企业所得税的有（    ）。

A. 中药材的种植              B. 林木的培育和种植

C. 糖料作物的种植            D. 香料作物的种植

（3）从事国家重点扶持的公共基础设施项目投资经营的所得。企业从事国家重点扶持的公共基础设施项目的投资经营的所得，自项目取得第 1 笔生产经营收入所属纳税年度起，第 1 年至第 3 年免征企业所得税，第 4 年至第 6 年减半征收企业所得税。

（4）从事符合条件的环境保护、节能节水项目的所得。企业从事符合条件的环境保护、节能节水项目的所得，自项目取得第 1 笔生产经营收入所属纳税年度起，第 1 年至第 3 年免征企业所得税，第 4 年至第 6 年减半征收企业所得税。

（5）符合条件的技术转让所得。符合条件的技术转让所得免征、减征企业所得税，是指一个纳税年度内，居民企业技术转让所得不超过 500 万元的部分，免征企业所得税；超过 500 万元的部分，减半征收企业所得税。其计算公式如下。

技术转让所得=技术转让收入-技术转让成本-相关税费

**试一试**

甲企业是居民企业，2023 年度转让一项专利技术的所有权，取得符合条件的转让所得 800 万元。甲企业该项技术转让所得应调减所得额为（　　）万元。

A. 800　　　　B. 500　　　　C. 650　　　　D. 400

### （三）民族自治地方的减免税

民族自治地方的自治机关对本民族自治地方的企业应缴纳的企业所得税中属于地方分享的部分，可以决定减征或者免征。自治州、自治县决定减征或者免征的，须报省、自治区、直辖市人民政府批准。

对民族自治地方内国家限制和禁止行业的企业，不得减征或者免征企业所得税。

### （四）加计扣除

企业的下列支出，可以在计算应纳税所得额时加计扣除。

（1）研究开发费用。企业为开发新技术、新产品、新工艺发生的研究开发费用，未形成无形资产计入当期损益的，在按规定据实扣除的基础上，自 2023 年 1 月 1 日起，再按照实际发生额的 100%在税前加计扣除；形成无形资产的，自 2023 年 1 月 1 日起，按照无形资产成本的 200%在税前摊销。

**相关链接**

除烟草制造业、住宿和餐饮业、批发和零售业、房地产业、租赁和商务服务业、娱乐业以及财政部和国家税务总局规定的其他行业外，其他行业企业均可享受研发费用加计扣除政策。可加计扣除的研发费用包括下列几项。

（1）直接从事研发活动人员的人工费用。

（2）研发活动直接投入费用。

（3）用于研发活动的仪器、设备的折旧费。

（4）用于研发活动的软件、专利权、非专利技术的摊销费用。

（5）新产品设计费、新工艺规程制定费、新药研制的临床试验费、勘探开发技术的现场试验费。

（6）与研发活动直接相关的其他费用。

（2）安置残疾人员及国家鼓励安置的其他就业人员所支付的工资。企业安置残疾人员所支付的工资的加计扣除，是指企业安置残疾人员的，在按照支付给残疾职工工资据实扣除的基础上，按照支付给残疾职工工资的100%加计扣除。

### （五）抵扣应纳税所得额

创业投资企业采取股权投资方式投资于未上市的中小高新技术企业 2 年以上的，可以按照其投资额的 70%在股权持有满 2 年的当年抵扣该创业投资企业的应纳税所得额；当年不足抵扣的，可以在以后纳税年度结转抵扣。

### （六）加速折旧

企业的固定资产由于技术进步等，确需加速折旧的，可以缩短折旧年限或者采取加速折旧的方法。可以采取缩短折旧年限或者采取加速折旧的方法的固定资产，包括以下内容。

（1）由于技术进步，产品更新换代较快的固定资产。

（2）常年处于强震动、高腐蚀状态的固定资产。

采取缩短折旧年限方法的，最低折旧年限不得低于税法规定折旧年限的60%；采取加速折旧方法的，可以采取双倍余额递减法或者年数总和法。

#### 相关链接

企业在 2018 年 1 月 1 日至 2027 年 12 月 31 日期间新购进（包括自行建造）的设备、器具，单位价值不超过 500 万元的，允许一次性计入当期成本费用在计算应纳税所得额时扣除，不再分年度计算折旧。

### （七）减计收入

企业以《资源综合利用企业所得税优惠目录》规定的资源作为主要原材料，生产国家非限制和禁止并符合国家和行业相关标准的产品取得的收入，减按 90% 计入收入总额。

### （八）税额抵免

企业购置并实际使用《环境保护专用设备企业所得税优惠目录》《节能节水专用设备企业所得税优惠目录》《安全生产专用设备企业所得税优惠目录》规定的环境保护、节能节水、安全生产等专用设备的，该专用设备的投资额的 10% 可以从企业当年的应纳税额中抵免；当年不足抵免的，可以在以后 5 个纳税年度结转抵免。

## 任务二 计算企业所得税

数据显示，2022 年全国税收收入 166 614 亿元，其中企业所得税收入 43 690 亿元，占税收收入总额的 26.22%。在我国现行税制中，企业所得税是仅次于增值税的第二大税种，财务人员客观公正地核算企业所得税具有重大意义。

### 一、企业所得税应纳税所得额的计算

企业所得税的计税依据为企业的应纳税所得额。企业的应纳税所得额为企业每一纳税年度的收入总额，减除不征税收入、免税收入、各项扣除以及允许弥补的以前年度亏损后的余额。其计算公式如下。

应纳税所得额=收入总额-不征税收入-免税收入-各项扣除-以前年度亏损

### （一）收入总额

企业以货币形式和非货币形式从各种来源取得的收入，为收入总额。具体包括以下收入。

#### 1. 基本收入

（1）销售货物收入，是指企业销售商品、产品、原材料、包装物、低值易耗品以及其他存货取得的收入。

（2）提供劳务收入，是指企业从事建筑安装、修理修配、交通运输、仓储租赁、金融保险、邮电通信、咨询经纪、文化体育、科学研究、技术服务、教育培训、餐饮住宿、中介代理、卫生保健、社区服务、旅游、娱乐、加工以及其他劳务服务活动取得的收入。

（3）转让财产收入，是指企业转让固定资产、生物资产、无形资产、股权、债权等财产取得的收入。

（4）股息、红利等权益性投资收益，是指企业因权益性投资从被投资方取得的收入。股息、红利等权益性投资收益，除国务院财政、税务主管部门另有规定外，按照被投资方做出利润分配决定的日期确认收入的实现。

（5）利息收入，是指企业将资金提供给他人使用但不构成权益性投资，或者因他人占用本企业资金取得的收入，包括存款利息、贷款利息、债券利息、欠款利息等收入。利息收入，按照合同约定的债务人应付利息的日期确认收入的实现。

（6）租金收入，是指企业提供固定资产、包装物或者其他有形资产的使用权取得的收入。租金收入，按照合同约定的承租人应付租金的日期确认收入的实现。

（7）特许权使用费收入，是指企业提供专利权、非专利技术、商标权、著作权以及其他特许权的使用权取得的收入。特许权使用费收入，按照合同约定的特许权使用人应付特许权使用费的日期确认收入的实现。

（8）接受捐赠收入，是指企业接受的来自其他企业、组织或者个人无偿给予的货币性资产、非货币性资产。接受捐赠收入，按照实际收到捐赠资产的日期确认收入的实现。

（9）其他收入，是指企业取得的除《企业所得税法》具体列举的收入以外的其他收入，包括企业资产溢余收入、逾期未退包装物押金收入、确实无法偿付的应付款项、已作坏账损失处理后又收回的应收款项、债务重组收入、补贴收入、违约金收入、汇兑收益等。

### 2. 不征税收入

下列收入为不征税收入。

（1）财政拨款。

（2）依法收取并纳入财政管理的行政事业性收费、政府性基金。

（3）国务院规定的其他不征税收入。

### （二）税前扣除项目

企业实际发生的与取得收入有关的、合理的支出，包括成本、费用、税金、损失和其他支出，准予在计算应纳税所得额时扣除。

（1）成本。成本是指企业在生产经营活动中发生的销售成本、销货成本、业务支出以及其他耗费。

（2）费用。费用是指企业在生产经营活动中发生的销售费用、管理费用和财务费用，已经计入成本的有关费用除外。

（3）税金。税金是指企业发生的除企业所得税和允许抵扣的增值税以外的各项税金及附加，即纳税人按规定缴纳的消费税、资源税、土地增值税、关税、城市维护建设税、教育费附加及房产税、车船税、城镇土地使用税、印花税等。企业缴纳的增值税属于价外税，不在扣除之列。

（4）损失。损失是指企业在生产经营活动中发生的固定资产和存货的盘亏、毁损、报废损失，转让财产损失，呆账损失，坏账损失，自然灾害等不可抗力因素造成的损失以及其他损失。

（5）其他支出。其他支出是指除成本、费用、税金、损失外，企业在生产经营活动中发生的与生产经营活动有关的、合理的支出。

---

**试 一 试**

根据企业所得税法律制度的规定，在计算应纳税所得额时，企业缴纳的下列税金中，不得扣税的是（　　　）。

A. 增值税　　　　　　　　　　B. 消费税

C. 城镇土地使用税　　　　　　D. 房产税

---

## （三）税前扣除标准

### 1. 工资、薪金支出

企业发生的合理的工资、薪金支出，准予扣除。

### 2. 职工福利费、工会经费和职工教育经费

企业发生的职工福利费支出，不超过工资、薪金总额 14%的部分，准予扣除。企业拨缴的工会经费，不超过工资、薪金总额 2%的部分，准予扣除。除国务院财政、税务主管部门另有规定外，企业发生的职工教育经费支出，不超过工资、薪金总额 8%的部分，准予扣除；超过部分，准予在以后纳税年度结转扣除。

【例 6-1】甲公司 2023 年计入成本费用的实发工资总额 300 万元，发生职工福利费 43 万元、职工教育经费 25 万元、拨付工会经费 5 万元。在计算甲公司 2023 年度企业所得税应纳税所得额时，职工福利费、工会经费和职工教育经费准予扣除总额是多少？

**解析：**职工福利费的扣除限额=300×14%=42（万元）

实际发生额43万元高于扣除限额，税前准予扣除的职工福利费为42万元。

工会经费的扣除限额=300×2%=6（万元）

实际发生额5万元低于扣除限额，税前准予扣除的工会经费为5万元。

职工教育经费扣除限额=300×8%=24（万元）

实际发生额25万元高于扣除限额，税前准予扣除的职工教育经费为24万元。

职工福利费、工会经费和职工教育经费准予扣除总额=42+24+5=71（万元）

### 3. 社会保险费

（1）企业依照国务院有关主管部门或者省级人民政府规定的范围和标准为职工缴纳的基本养老保险费、基本医疗保险费、失业保险费、工伤保险费等基本社会保险费和住房公积金，准予扣除。

（2）企业为在本企业任职或受雇的全体员工支付的补充养老保险费、补充医疗保险费，分别在不超过职工工资总额5%标准内的部分，准予扣除；超过的部分，不予扣除。

### 4. 借款费用

（1）企业在生产经营活动中发生的合理的不需要资本化的借款费用，准予扣除。

（2）企业为购置、建造固定资产、无形资产和经过12个月以上的建造才能达到预定可销售状态的存货发生借款的，在有关资产购置、建造期间发生的合理的借款费用，应当作为资本性支出计入有关资产的成本，并依照《企业所得税法实施条例》的规定扣除。

### 5. 利息费用

企业在生产经营活动中发生的下列利息支出，准予扣除。

（1）非金融企业向金融企业借款的利息支出、金融企业的各项存款利息支出和同业拆借利息支出、企业经批准发行债券的利息支出可据实扣除。

（2）非金融企业向非金融企业借款的利息支出，不超过按照金融企业同期同类贷款利率计算的数额的部分可据实扣除，超过部分不允许扣除。

【例 6-2】甲公司于2023年10月月初向金融机构借入流动资金900万元，借款期限3个月，年利率6%；向非金融企业乙公司借入同类贷款1 800万元，借款期限3个月，年利率12%。在计算甲企业2023年度应纳税所得额时，准予扣除的借款利息为多少？

**解析：** 向金融企业借款的利息支出，准予扣除；向非金融企业借款的利息支出，不超过按照金融企业同期同类贷款利率计算的数额的部分，准予扣除。

向金融企业借款准予扣除的利息=900×6%÷12×3=13.5（万元）

向非金融企业借款准予扣除的利息=1 800×6%÷12×3=27（万元）

准予扣除的借款利息合计=13.5+27=40.5（万元）

### 6. 汇兑损失

企业在货币交易中，以及纳税年度终了时，将人民币以外的货币性资产、负债，按照期末即期人民币汇率中间价折算为人民币时产生的汇兑损失，除已经计入有关资产成本以及与向所有者进行利润分配相关的部分外，准予扣除。

### 7. 公益性捐赠

企业当年发生以及以前年度结转的公益性捐赠支出，不超过年度利润总额 12%的部分，准予扣除；超过年度利润总额 12%的部分，准予结转以后 3 年内在计算应纳税所得额时扣除。企业在对公益性捐赠支出计算扣除时，应先扣除以前年度结转的捐赠支出，再扣除当年发生的捐赠支出。

**🔲名词点击**

**公益性捐赠**

公益性捐赠，是指企业通过公益性社会组织或者县级以上人民政府及其部门，用于符合法律规定的慈善活动、公益事业的捐赠。

**【例 6-3】** 甲公司 2023 年度实现利润总额 200 万元，在营业外支出账户列支了通过公益性社会组织向体育事业捐款 20 万元、直接向某小学捐款 5 万元。在计算甲公司 2023 年度应纳税所得额时，准予扣除的捐赠数额为多少？

**解析：** 甲公司公益性捐赠支出扣除限额=200×12%=24（万元）

甲公司直接向某小学捐款 5 万元不属于公益性捐赠支出，不得在税前扣除；通过公益性社会组织向体育事业捐款的 20 万元低于扣除限额，准予全额扣除。

甲公司税前准予扣除的捐赠数额为 20 万元。

### 8. 业务招待费

企业发生的与生产经营活动有关的业务招待费支出，按照发生额的 60% 扣除，但最高不得超过当年销售（营业）收入的 5‰。

【例6-4】甲公司2023年营业收入2 000万元,发生与生产经营活动有关的业务招待费支出20万元。在计算甲公司2023年度应纳税所得额时,准予扣除的业务招待费为多少?

解析:业务招待费发生额的60%=20×60%=12(万元)

销售(营业)收入的5‰=2 000×5‰=10(万元)

因为12万元>10万元,所以甲公司税前准予扣除的业务招待费为10万元。

### 9. 广告费与业务宣传费

企业发生的符合条件的广告费和业务宣传费支出,除国务院财政、税务主管部门另有规定外,不超过当年销售(营业)收入15%的部分,准予扣除;超过部分,准予在以后纳税年度结转扣除。

> **相关链接**
>
> 自2021年1月1日至2025年12月31日,烟草企业的烟草广告费和业务宣传费支出,一律不得在计算应纳税所得额时扣除;对化妆品制造或销售、医药制造和饮料制造(不含酒类制造)企业发生的广告费和业务宣传费支出,不超过当年销售(营业)收入30%的部分,准予扣除;超过部分,准予在以后纳税年度结转扣除。

【例6-5】甲运输公司2023年提供运输服务实现营业收入900万元,当年发生符合条件的广告费和业务宣传费支出110万元,上年度55万元广告费和业务宣传费结转到2023年度扣除。在计算甲运输公司2023年度应纳税所得额时,准予扣除的广告费和业务宣传费为多少?

解析:广告费和业务宣传费的扣除限额=900×15%=135(万元)

因此2023年度发生的110万元广告费和业务宣传费可以全额扣除,同时,还可以扣除上年度结转的55万元广告费和业务宣传费中的25万元,即甲运输公司2023年度税前准予扣除的广告费和业务宣传费为135万元。上年度剩余的30万元结转至以后年度扣除。

### 10. 环境保护专项资金

企业依照法律、行政法规有关规定提取的用于环境保护、生态恢复等方面的专项资金,准予扣除。上述专项资金提取后改变用途的,不得扣除。

### 11. 保险费

企业参加财产保险,按照规定缴纳的保险费,准予扣除。

除企业依照国家有关规定为特殊工种职工支付的人身安全保险费和国务

院财政、税务主管部门规定可以扣除的其他商业保险费外，企业为投资者或者职工支付的商业保险费，不得扣除。

企业职工因公出差乘坐交通工具发生的人身意外保险费支出，准予企业在计算应纳税所得额时扣除。

### 12. 租赁费

企业根据生产经营活动的需要租入固定资产支付的租赁费，按照以下方法扣除。

（1）以经营租赁方式租入固定资产发生的租赁费支出，按照租赁期限均匀扣除。

（2）以融资租赁方式租入固定资产发生的租赁费支出，按照规定构成融资租入固定资产价值的部分应当提取折旧费用，分期扣除。

### 13. 劳动保护费

企业发生的合理的劳动保护支出，准予扣除。

### 14. 有关资产的费用

企业转让各类固定资产发生的费用，允许扣除。企业按照规定计算的固定资产折旧费、无形资产和递延资产的摊销费，准予扣除。

### 15. 总机构分摊的费用

非居民企业在中国境内设立的机构、场所，就其中国境外总机构发生的与该机构、场所生产经营有关的费用，能够提供总机构出具的费用汇集范围、定额、分配依据和方法等证明文件，并合理分摊的，准予扣除。

### 16. 其他项目

依照有关法律、行政法规和国家有关税法规定准予扣除的其他项目。如会员费、合理的会议费、差旅费、违约金、诉讼费用等。

## （四）不得税前扣除的项目

在计算应纳税所得额时，下列支出不得从收入总额中扣除。

（1）向投资者支付的股息、红利等权益性投资收益款项。

（2）企业所得税税款。

（3）税收滞纳金。

（4）罚金、罚款和被没收财物的损失。但纳税人逾期归还银行贷款，银行按规定加收的罚息，以及企业间的违约罚款，不属于行政性罚款，允许在税前扣除。

（5）超过规定标准的公益性捐赠支出。

（6）赞助支出，具体是指企业发生的与生产经营活动无关的各种非广告性质支出。

（7）未经核定的准备金支出，具体是指不符合国务院财政、税务主管部门规定的各项资产减值准备、风险准备等准备金支出。

（8）企业之间支付的管理费、企业内营业机构之间支付的租金和特许权使用费，以及非银行企业内营业机构之间支付的利息。

（9）与取得收入无关的其他各项支出。

### 试一试

根据企业所得税法律制度的规定，下列各项中，在计算应纳税所得额时准予扣除的是（　　　）。

A. 企业向投资者支付的股息　　　　B. 非广告性质的赞助支出

C. 合理的会议费　　　　　　　　　D. 企业之间支付的管理费

## （五）亏损弥补

税法规定，纳税人发生年度亏损的，可以用下一纳税年度的所得弥补；下一纳税年度的所得不足弥补的，可以逐年延续弥补，但是延续弥补期最长不得超过 5 年。5 年内不论是盈利或亏损，都作为实际弥补期限计算。

### 名词点击

#### 亏损

亏损，是指企业依照税法规定将每一纳税年度的收入总额扣除不征税收入、免税收入和各项扣除后小于零的数额。

【例 6-6】甲公司为从事服装生产的工业企业，2017—2023 年度应纳税所得额如表 6-1 所示。请分析甲公司 2017—2023 年度亏损弥补情况。

表 6-1　甲公司 2017—2023 年度应纳税所得额

| 年度 | 2017 年 | 2018 年 | 2019 年 | 2020 年 | 2021 年 | 2022 年 | 2023 年 |
|---|---|---|---|---|---|---|---|
| 应纳税所得额/万元 | -150 | -45 | 30 | 30 | 30 | 45 | 60 |

**解析：** 2017 年的亏损额 150 万元，到 2022 年仍未弥补完（-150+30+30+30+45=-15），但达到了 5 年的弥补期限，2022 年后，2017 年未弥补完的亏损 15 万元不再用应纳税所得额弥补。2023 年的所得弥补完 2018 年的亏损后，尚余应纳税所得额 15（60-45=15）万元。

### （六）非居民企业应纳税所得额的规定

在中国境内未设立机构、场所，或者虽设立机构、场所但取得的所得与其所设机构、场所没有实际联系的非居民企业，应就其来源于中国境内的所得按照下列方法计算应纳税所得额。

（1）股息、红利等权益性投资收益和利息、租金、特许权使用费所得，以收入全额为应纳税所得额，不得扣除税法规定之外的税费支出。

（2）转让财产所得，以收入全额减除财产净值后的余额为应纳税所得额。

（3）其他所得，参照前两项规定的方法计算应纳税所得额。

---

**试一试**

根据企业所得税法律制度的规定，在我国境内未设立机构、场所的非居民企业从我国境内取得的下列所得中，应以收入全额为应纳税所得额的有（　　　　）。

A. 红利　　　　　　　　　　　　B. 转让财产所得

C. 租金　　　　　　　　　　　　D. 利息

---

## 二、资产的税务处理

企业资产，是指企业拥有或者控制的、用于经营管理活动且与取得应税收入有关的资产。企业的各项资产包括固定资产、生物资产、无形资产、长期待摊费用、投资资产、存货等。

### （一）固定资产

固定资产，是指企业为生产产品、提供劳务、出租或者经营管理而持有的、使用时间超过 12 个月的非货币性资产，包括房屋、建筑物、机器、机械、运输工具以及其他与生产经营活动有关的设备、器具、工具等。

#### 1. 不得计算折旧扣除的固定资产

在计算应纳税所得额时，企业按照规定计算的固定资产折旧，准予扣除。下列固定资产不得计算折旧扣除。

（1）房屋、建筑物以外未投入使用的固定资产。

（2）以经营租赁方式租入的固定资产。

（3）以融资租赁方式租出的固定资产。

（4）已足额提取折旧仍继续使用的固定资产。

（5）与经营活动无关的固定资产。

（6）单独估价作为固定资产入账的土地。

（7）其他不得计算折旧扣除的固定资产。

**试 一 试**

根据企业所得税法律制度的规定，下列固定资产中，在计算应纳税所得额时准予计算折旧扣除的是（　　　　）。

A. 未投入使用的房屋、建筑物　　B. 以融资租赁方式租出的机器设备

C. 未投入使用的机器设备　　　　D. 已提足折旧仍在使用的机器设备

### 2. 固定资产计税基础的确定

固定资产按照下列方法确定计税基础。

（1）外购的固定资产，以购买价款和支付的相关税费以及直接归属于使该资产达到预定用途所发生的其他支出为计税基础。

（2）自行建造的固定资产，以竣工结算前发生的支出为计税基础。

（3）融资租入的固定资产，以租赁合同约定的付款总额和承租人在签订租赁合同过程中发生的相关费用为计税基础；租赁合同未约定付款总额的，以该资产的公允价值和承租人在签订租赁合同过程中发生的相关费用为计税基础。

（4）盘盈的固定资产，以同类固定资产的重置完全价值为计税基础。

（5）通过捐赠、投资、非货币性资产交换、债务重组等方式取得的固定资产，以该资产的公允价值和支付的相关税费为计税基础。

（6）改建的固定资产，除法定的支出外，以改建过程中发生的改建支出增加计税基础。

### 3. 固定资产折旧的计算方法

固定资产按照直线法计算的折旧，准予扣除。企业应当自固定资产投入使用月份的次月起计算折旧；停止使用的固定资产，应当自停止使用月份的次月起停止计算折旧。企业应当根据固定资产的性质和使用情况，合理确定固定资产的预计净残值。固定资产的预计净残值一经确定，不得变更。

### 4. 固定资产计算折旧的最低年限

除国务院财政、税务主管部门另有规定外，固定资产计算折旧的最低年限如下。

（1）房屋、建筑物，为 20 年。

（2）飞机、火车、轮船、机器、机械和其他生产设备，为 10 年。

（3）与生产经营活动有关的器具、工具、家具等，为 5 年。

（4）飞机、火车、轮船以外的运输工具，为 4 年。

（5）电子设备，为 3 年。

## （二）生物性生物资产

生物性生物资产，是指企业为生产农产品、提供劳务或者出租等而持有的生物资产，包括经济林、薪炭林、产畜和役畜等。

### 1. 生产性生物资产计税基础的确定

生产性生物资产按照以下方法确定计税基础。

（1）外购的生产性生物资产，以购买价款和支付的相关税费为计税基础。

（2）通过捐赠、投资、非货币性资产交换、债务重组等方式取得的生产性生物资产，以该资产的公允价值和支付的相关税费为计税基础。

### 2. 生产性生物资产折旧方法的确定

生产性生物资产按照直线法计算的折旧，准予扣除。企业应当自生产性生物资产投入使用月份的次月起计算折旧；停止使用的生产性生物资产，应当自停止使用月份的次月起停止计算折旧。企业应当根据生产性生物资产的性质和使用情况，合理确定生产性生物资产的预计净残值。生产性生物资产的预计净残值一经确定，不得变更。

### 3. 生产性生物资产计算折旧的最低年限

生产性生物资产计算折旧的最低年限如下。

（1）林木类生产性生物资产，为 10 年。

（2）畜类生产性生物资产，为 3 年。

## （三）无形资产

无形资产，是指企业为生产产品、提供劳务、出租或者经营管理而持有的、没有实物形态的非货币性长期资产，包括专利权、商标权、著作权、土地使用权、非专利技术、商誉等。

### 1. 不得计算摊销费用扣除的无形资产

在计算应纳税所得额时，企业按照规定计算的无形资产摊销费用，准予扣除。下列无形资产不得计算摊销费用扣除。

（1）自行开发的支出已在计算应纳税所得额时扣除的无形资产。

（2）自创商誉。

（3）与经营活动无关的无形资产。

（4）其他不得计算摊销费用扣除的无形资产。

### 2. 无形资产计税基础的确定

无形资产按照以下方法确定计税基础。

（1）外购的无形资产，以购买价款和支付的相关税费以及直接归属于使该资产达到预定用途发生的其他支出为计税基础。

（2）自行开发的无形资产，以开发过程中该资产符合资本化条件后至达到预定用途前发生的支出为计税基础。

（3）通过捐赠、投资、非货币性资产交换、债务重组等方式取得的无形资产，以该资产的公允价值和支付的相关税费为计税基础。

### 3. 无形资产摊销费用的计算方法

无形资产按照直线法计算的摊销费用，准予扣除。无形资产的摊销年限不得低于 10 年。作为投资或者受让的无形资产，有关法律规定或者合同约定了使用年限的，可以按照规定或者约定的使用年限分期摊销。外购商誉的支出，在企业整体转让或者清算时，准予扣除。

## （四）长期待摊费用

长期待摊费用，是指企业发生的应在 1 个年度以上进行摊销的费用。在计算应纳税所得额时，企业发生的下列支出作为长期待摊费用，按照规定摊销的，准予扣除。

（1）已足额提取折旧的固定资产的改建支出，按照固定资产预计尚可使用年限分期摊销。

（2）租入固定资产的改建支出，按照合同约定的剩余租赁期限分期摊销。固定资产的改建支出，是指改变房屋或者建筑物结构、延长使用年限等发生的支出。

改建的固定资产延长使用年限的，除前述规定外，应当适当延长折旧年限。

（3）固定资产的大修理支出，按照固定资产尚可使用年限分期摊销。固定资产的大修理支出，是指同时符合下列条件的支出。

① 修理支出达到取得固定资产时的计税基础50%以上。

② 修理后固定资产的使用年限延长2年以上。

（4）其他应当作为长期待摊费用的支出，自支出发生月份的次月起，分期摊销，摊销年限不得低于3年。

### （五）投资资产

投资资产，是指企业对外进行权益性投资和债权性投资形成的资产。企业对外投资期间，投资资产的成本在计算应纳税所得额时不得扣除。企业在转让或者处置投资资产时，投资资产的成本，准予扣除。投资资产按照以下方法确定成本。

（1）通过支付现金方式取得的投资资产，以购买价款为成本。

（2）通过支付现金以外的方式取得的投资资产，以该资产的公允价值和支付的相关税费为成本。

### （六）存货

存货，是指企业持有以备出售的产品或者商品、处在生产过程中的在产品、在生产或者提供劳务过程中耗用的材料和物料等。企业使用或者销售存货，按照规定计算的存货成本，准予在计算应纳税所得额时扣除。存货按照以下方法确定成本。

（1）通过支付现金方式取得的存货，以购买价款和支付的相关税费为成本。

（2）通过支付现金以外的方式取得的存货，以该存货的公允价值和支付的相关税费为成本。

（3）生产性生物资产收获的农产品，以产出或者采收过程中发生的材料费、人工费和分摊的间接费用等必要支出为成本。

企业使用或者销售的存货的成本计算方法，可以在先进先出法、加权平均法、个别计价法中任选用一种。计价方法一经选用，不得随意变更。

### （七）资产损失

资产损失，是指企业在生产经营活动中实际发生的、与取得应税收入有关的资产损失，包括现金损失，存款损失，坏账损失，贷款损失，股权投资损失，固定资产和存货盘亏、毁损、报废、被盗的损失，自然灾害等不可抗力因素造成的损失以及其他损失。企业发生上述资产损失，应在按税法规定实际确认或实际发生的当年申报扣除，不得提前或延后扣除。

## 三、企业所得税应纳税额的计算

企业所得税应纳税额的计算公式如下。

$$应纳税额=应纳税所得额×适用税率$$

【例6-7】甲工业企业是居民企业，2023年的生产经营情况如下。

（1）产品销售收入4 700万元，销售成本2 500万元，增值税600万元，销售税金及附加90万元。

（2）材料销售收入300万元。

（3）销售费用1 200万元。其中，广告费和业务宣传费850万元。

（4）管理费用600万元。其中，业务招待费50万元。

（5）财务费用90万元。其中，向非金融机构借款1年的利息支出60万元，年利率为10%（银行同期同类贷款利率为6%）。

（6）营业外支出35万元。其中，向供货商支付违约金5万元，支付市场监督管理局罚款3万元，通过市级政府部门向灾区捐赠20万元。

（7）投资收益20万元。其中，从乙公司取得股息、红利等权益性投资收益15万元，国债利息收入5万元。

（8）会计利润505万元，已预缴企业所得税126.25万元。

**已知**：企业所得税税率为25%。

**要求**：计算甲工业企业2023年度应补（退）的企业所得税税额。

**解析**：（1）销售收入总额=4 700+300=5 000（万元）。从乙公司取得股息、红利等权益性投资收益15万元免税，国债利息收入5万元免税。

（2）广告费和业务宣传费扣除限额=5 000×15%=750（万元），纳税调整增加额=850-750=100（万元）

业务招待费扣除限额=5 000×5‰=25（万元），50×60%=30（万元），因为25万元＜30万元，所以准予扣除的业务招待费为25万元，纳税调整增加额=50-25=25（万元）

向非金融机构借款利息扣除限额=60÷10%×6%=36（万元），纳税调整增加额=60-36=24（万元）

行政罚款不得在税前列支，纳税调整增加额3万元。

公益性捐赠扣除限额=505×12%=60.6（万元），实际捐赠额未超过扣除限额，不需要纳税调整。

（3）应纳税所得额=505+100+25+24+3-15-5=637（万元）

（4）应纳企业所得税税额=637×25%=159.25（万元）

（5）应补缴企业所得税税额=159.25-126.25=33（万元）

## 任务三　征收管理企业所得税

### 一、企业所得税的征收缴纳方法

企业所得税实行按纳税年度计算，分月或者分季预缴，年终汇算清缴，多退少补的缴纳办法。

### 二、企业所得税的纳税期限

企业所得税的纳税年度，自公历 1 月 1 日起至 12 月 31 日止。

企业应当自月度或者季度终了之日起 15 日内，向税务机关报送预缴企业所得税纳税申报表，预缴税款。

企业应当自年度终了之日起 5 个月内，向税务机关报送年度企业所得税纳税申报表，并汇算清缴，结清应缴应退税款。

企业在年度中间终止经营活动的，应当自实际经营终止之日起 60 日内，向税务机关办理当期企业所得税汇算清缴。

> **试一试**
>
> 根据企业所得税法律制度的规定，企业应当自年度终了之日起一定期限内，向税务机关报送年度企业所得税纳税申报表，并汇算清缴，结清应缴应退税款。该期限为（　　　）。
>
> A．1 个月　　　　B．2 个月　　　　C．3 个月　　　　D．5 个月

### 三、企业所得税的纳税地点

#### （一）居民企业的纳税地点

除税收法律、行政法规另有规定外，居民企业以企业登记注册地为纳税地点；但登记注册地在境外的，以实际管理机构所在地为纳税地点。

#### （二）非居民企业的纳税地点

非居民企业在中国境内设立机构、场所的，以机构、场所所在地为纳税地点。非居民企业在中国境内设立两个或者两个以上的机构、场所的，经税

务机关审核批准，可以选择由其主要机构、场所汇总缴纳企业所得税。

非居民企业在中国未设立机构、场所的，或者虽然设立机构、场所但取得的所得与其所设机构、场所没有实际联系的，以扣缴义务人所在地为纳税地点。

## 四、企业所得税的纳税申报

企业所得税纳税申报表分为基础信息表、纳税申报表和明细表。《中华人民共和国企业所得税年度纳税申报表（A类）》（A100000）如表 6-2 所示。企业所得税纳税人应该按照主管税务机关核定的纳税期限，如实填写并报送企业所得税纳税申报材料。

表 6-2　中华人民共和国企业所得税年度纳税申报表（A类）（A100000）

| 行次 | 类别 | 项目 | 金额 |
|---|---|---|---|
| 1 | 利润总额计算 | 一、营业收入（填写 A101010\101020\103000） | |
| 2 | | 减：营业成本（填写 A102010\102020\103000） | |
| 3 | | 减：税金及附加 | |
| 4 | | 减：销售费用（填写 A104000） | |
| 5 | | 减：管理费用（填写 A104000） | |
| 6 | | 减：财务费用（填写 A104000） | |
| 7 | | 减：资产减值损失 | |
| 8 | | 加：公允价值变动收益 | |
| 9 | | 加：投资收益 | |
| 10 | | 二、营业利润（1-2-3-4-5-6-7+8+9） | |
| 11 | | 加：营业外收入（填写 A101010\101020\103000） | |
| 12 | | 减：营业外支出（填写 A102010\102020\103000） | |
| 13 | | 三、利润总额（10+11-12） | |
| 14 | 应纳税所得额计算 | 减：境外所得（填写 A108010） | |
| 15 | | 加：纳税调整增加额（填写 A105000） | |
| 16 | | 减：纳税调整减少额（填写 A105000） | |
| 17 | | 减：免税、减计收入及加计扣除（填写 A107010） | |
| 18 | | 加：境外应税所得抵减境内亏损（填写 A108000） | |
| 19 | | 四、纳税调整后所得（13-14+15-16-17+18） | |
| 20 | | 减：所得减免（填写 A107020） | |
| 21 | | 减：弥补以前年度亏损（填写 A106000） | |
| 22 | | 减：抵扣应纳税所得额（填写 A107030） | |
| 23 | | 五、应纳税所得额（19-20-21-22） | |

续表

| 行次 | 类别 | 项目 | 金额 |
|---|---|---|---|
| 24 | | 税率（25%） | |
| 25 | | 六、应纳所得税额（23×24） | |
| 26 | | 减：减免所得税额（填写 A107040） | |
| 27 | | 减：抵免所得税额（填写 A107050） | |
| 28 | | 七、应纳税额（25-26-27） | |
| 29 | | 加：境外所得应纳所得税额（填写 A108000） | |
| 30 | | 减：境外所得抵免所得税额（填写 A108000） | |
| 31 | 应纳税额<br>计算 | 八、实际应纳所得税额（28+29-30） | |
| 32 | | 减：本年累计实际已预缴的所得税额 | |
| 33 | | 九、本年应补（退）所得税额（31-32） | |
| 34 | | 其中：总机构分摊本年应补（退）所得税额（填写 A109000） | |
| 35 | | 财政集中分配本年应补（退）所得税额（填写 A109000） | |
| 36 | | 总机构主体生产经营部门分摊本年应补（退）所得税额（填写 A109000） | |
| 37 | 实际应纳<br>税额计算 | 减：民族自治地区企业所得税地方分享部分：<br>（□免征　□减征：减征幅度___%） | |
| 38 | | 十、本年实际应补（退）所得税额（33-37） | |

## 课后练习

**一、单项选择题**

1. 根据企业所得税法律制度的规定，下列各项收入中，属于免税收入的是（　　）。

　　A. 特许权使用费收入　　　　B. 国债利息收入

　　C. 转让债权取得的收入　　　D. 接受捐赠收入

2. 根据企业所得税法律制度的规定，下列项目的所得中，减半征收企业所得税的是（　　）。

　　A. 水果的种植　　　　　　　B. 花卉的种植

　　C. 中药材的种植　　　　　　D. 蔬菜的种植

3. 甲企业是居民企业，2023 年转让一项专利技术所有权，取得技术转让所得 600 万元。已知企业所得税税率为 25%。甲企业该项技术转让所得应缴纳企业所得税税额为（　　　）万元。

    A．12.5        B．25        C．125        D．150

    4．根据企业所得税法律制度的规定，企业购买符合条件的专用设备时，按规定可以按设备价款的一定比例抵免企业所得税税款，该比例为（　　　）。

    A．10%        B．20%        C．30%        D．40%

    5．根据企业所得税法律制度的规定，下列关于收入确认时间的表述中，正确的是（　　　）。

    A．接受非货币资产捐赠，在计算缴纳企业所得税时应分期确认收入的实现

    B．采取产品分成方式取得收入，按照企业分得产品的日期确认收入的实现。

    C．股息等权益性投资收益以投资方收到所得的日期确认收入的实现

    D．特许权使用费收入以实际取得收入的日期确认收入的实现

    6．纳税人在计算企业所得税应纳税所得额时，下列项目中，不超过规定比例的准予扣除，超过部分准予在以后纳税年度结转扣除的是（　　　）。

    A．职工福利费            B．工会经费

    C．职工教育经费         D．社会保险费

    7．甲企业于 2023 年 1 月 1 日借入 1 000 万元资金用于生产经营，借期为一年。其中，400 万元是向金融机构借入的，支付利息 24 万元；600 万元是向非金融机构借入的，支付利息 48 万元。在计算甲企业 2023 年度应纳税所得额时，准予扣除的利息支出为（　　　）万元。

    A．72        B．60        C．48        D．24

    8．甲企业 2023 年度实现销售收入 4 000 万元，发生与生产经营有关的业务招待费 40 万元。在计算甲企业 2023 年度应纳税所得额时，准予扣除的业务招待费为（　　　）万元。

    A．0        B．20        C．24        D．40

    9．甲服装企业 2023 年实现销售收入 3 000 万元，发生符合条件的广告费和业务宣传费支出 500 万元。在计算甲服装企业 2023 年度应纳税所得额时，准予扣除的广告费和业务宣传费为（　　　）万元。

    A．15        B．300        C．450        D．500

    10．甲企业 2023 年实现利润总额 300 万元，营业外支出账户列支通过公益性社会团体向卫生事业捐款 50 万元。在计算甲企业 2023 年度应纳税所得

额时，准予扣除的捐款额为（　　　）万元。

  A. 50    B. 36    C. 30    D. 25

  11. 根据企业所得税法律制度的规定，企业的下列支出中，在计算应纳税所得额时准予扣除的是（　　　）。

  A. 企业所得税税款    B. 税收滞纳金

  C. 付给银行的罚息    D. 行政性罚款

  12. 根据企业所得税法律制度的规定，下列各项中，在计算企业所得税应纳税所得额时准予扣除的是（　　　）。

  A. 企业之间支付的管理费

  B. 银行内营业机构之间支付的利息

  C. 企业内营业机构之间支付的租金

  D. 企业内营业机构之间支付的特许权使用费

  13. 根据企业所得税法律制度的规定，企业发生的下列保险费用中，不得在企业所得税税前扣除的是（　　　）。

  A. 按规定上交社保部门的职工养老保险金

  B. 参加财产保险和运输保险，按规定缴纳的保险费用

  C. 按国家规定为特殊工种职工支付的人身安全保险费

  D. 为其投资者向商业保险机构投保的人寿保险的保险费

  14. 根据企业所得税法律制度的规定，下列固定资产中，在计算企业所得税应纳税所得额时不得计算折旧扣除的是（　　　）。

  A. 未投入使用的房屋、建筑物  B. 以经营租赁方式租出的固定资产

  C. 季节性停用的机器设备    D. 以经营租赁方式租入的固定资产

  15. 根据企业所得税法律制度的规定，企业在年度中间终止经营活动的，应当自实际经营终止之日起一定期限内，向税务机关办理当期企业所得税汇算清缴，该期限为（　　　）。

  A. 60 日    B. 90 日    C. 120 日    D. 180 日

## 二、多项选择题

  1. 根据企业所得税法律制度的规定，下列单位中，属于企业所得税纳税人的有（　　　）。

  A. 外商投资企业    B. 一人有限责任公司

  C. 个人独资企业    D. 有经营所得的事业单位

  2. 从事国家非限制和禁止行业的下列企业中，属于 2023 年度小型微利

企业的有（　　　）。

  A. 甲企业 2023 年度应纳税所得额 200 万元、从业人数 200 人、资产总额 4 000 万元

  B. 乙企业 2023 年度应纳税所得额 300 万元、从业人数 300 人、资产总额 4 500 万元

  C. 丙企业 2023 年度应纳税所得额 400 万元、从业人数 200 人、资产总额 3 000 万元

  D. 丁企业 2023 年度应纳税所得额 100 万元、从业人数 400 人、资产总额 6 000 万元

3. 根据企业所得税法律制度的规定，下列行业中，不适用研究开发费用税前加计扣除政策的有（　　　）。

  A. 烟草制造业　　　　　　　B. 房地产业

  C. 批发和零售业　　　　　　D. 医药制造业

4. 根据企业所得税法律制度的规定，企业按规定缴纳的下列税金中，在计算应纳税所得额时准予扣除的有（　　　）。

  A. 增值税　　　B. 消费税　　　C. 房产税　　　D. 印花税

5. 根据企业所得税法律制度的规定，下列收入中，应计入收入总额计征企业所得税的有（　　　）。

  A. 固定资产的盘盈收入　　　B. 教育费附加返还款

  C. 接受捐赠的现金收入　　　D. 包装物押金收入

6. 根据企业所得税法律制度的规定，企业下列支出中，在计算应纳税所得额时准予扣除的有（　　　）。

  A. 罚金　　　　　　　　　　B. 合理的会议费

  C. 违约金　　　　　　　　　D. 诉讼费

7. 根据企业所得税法律制度的规定，下列各项中，在计算应纳税所得额时不得扣除的有（　　　）。

  A. 税收滞纳金　　　　　　　B. 被没收财物的损失

  C. 向投资者支付的股息　　　D. 合理的劳动保护支出

8. 根据企业所得税法律制度的规定，在我国境内未设立机构、场所的非居民企业从我国境内取得的下列所得中，应以收入全额为应纳税所得额的有（　　　）。

  A. 红利　　　　　　　　　　B. 转让财产所得

  C. 租金　　　　　　　　　　D. 利息

### 三、判断题

1. 合伙企业是企业所得税的居民纳税人。　　　　　　　　（　　　）
2. 权益性投资资产转让所得按照投资企业所在地确定所得。（　　　）
3. 企业从事符合条件的环境保护、节能节水项目的所得，自项目开始盈利所属纳税年度起，第一年至第三年免征企业所得税，第四年至第六年减半征收企业所得税。　　　　　　　　　　　　　　　　　　（　　　）
4. 对于股息、红利等权益性投资收益，除国务院财政、税务主管部门另有规定外，按照被投资方做出利润分配决定的日期确认收入的实现。（　　　）
5. 企业发生的职工工会经费支出，不超过工资、薪金总额 2%的部分，准予扣除；超过部分，准予在以后纳税年度结转扣除。　　　　（　　　）
6. 企业为特殊工种职工支付的人身安全保险费可以在税前扣除。（　　　）
7. 企业依照法律、行政法规的有关规定提取的用于环境保护、生态恢复等方面的专项资金，准予扣除。　　　　　　　　　　　　　　（　　　）
8. 通过捐赠、投资、非货币性资产交换、债务重组等方式取得的固定资产，以该资产的公允价值和支付的相关税费为计税基础。　　　（　　　）
9. 自行开发的支出已在计算应纳税所得额时扣除的无形资产不得计算摊销费用扣除。　　　　　　　　　　　　　　　　　　　　　（　　　）
10. 租入固定资产的改建支出，按照合同约定的租赁期限分期摊销。
　　　　　　　　　　　　　　　　　　　　　　　　　　　（　　　）

### 四、计算题

乙公司为居民企业，2023 年度经营情况如下。

（1）取得产品销售收入 2 300 万元，取得国债利息 50 万元，从境内投资公司分得税后利润 180 万元。

（2）发生产品销售成本 1 100 万元。其中，支付残疾人薪金 100 万元；发生销售费用 380 万元，其中广告费和业务宣传费 80 万元；税金及附加 50 万元。

（3）1 月 1 日，向银行贷款 4 000 万元，发生贷款利息和借款费用 250 万元。其中，用于生产的经营性资金 300 万元，其余于当月用于建造固定资产。

（4）发生管理费用 260 万元。其中，业务招待费 190 万元。

（5）"营业外支出"账户中记载金额 53.52 万元。其中，合同违约金 4 万元，通过市民政局向灾区捐赠 49.52 万元。

（6）本年度预缴企业所得税 18.43 万元。

要求：按顺序完成下列计算任务。

（1）计算乙公司税前准予扣除的财务费用。

（2）计算乙公司税前准予扣除的管理费用和销售费用。

（3）计算乙公司税前准予扣除的营业外支出。

（4）计算乙公司2023年度企业所得税应纳税所得额。

（5）计算乙公司2023年度应补缴的企业所得税税额。

### 税收历史专栏

## 王莽：所得税的创始人

一般认为所得税创立于18世纪末的英国，实际上具有所得税性质的税种，远在2000多年前的中国西汉末期就已出现，其创始人便是王莽。

西汉哀帝死后，汉平帝继位。因平帝年龄尚幼，完全受大司马王莽的控制。公元8年，王莽自己登上皇帝宝座，把国号改为"新"，次年改元为"始建国"。始建国元年（即公元9年），王莽开始推行他的经济改革措施，设立了对工商业者的纯经营利润额征收的税种"贡"。《汉书·食货志下》中记载："诸取众物鸟兽鱼鳖百虫于山林水泽及畜牧者，嫔妇桑蚕织纤纺绩补缝，工匠医巫卜祝及它方技商贩贾人坐肆列里区谒舍，皆各自占所为于其所之县官，除其本、计其得，十一分之，而以其一为贡，敢不自占，自占不以实者，尽没入所采取，而作县官一岁"，其大意是凡是从事采集、狩猎、捕捞、畜牧、养蚕、纺织、缝纫、织补、医疗、卜卦算命之人及其他艺人，还有商贾经营者，都要从其经营收入扣除成本，算出纯利，按纯利额的十分之一纳税，自由申报，官吏核实，如有不报或不实者，没收全部收入，并拘捕违犯之人，罚服劳役苦工一年。

从税收制度的构成要素来说，王莽的"贡"已具备所得税的特征，其征税对象为纯盈利额；以从事多种经营活动取得纯收入的人为纳税人；税率为百分之十；纳税人自行申报，官吏核实；对违法者有处罚措施。但由于王莽的"贡"征收范围广，征收方法复杂，不仅技术操作上不可行，而且引起了人民的群起反抗，到公元22年王莽不得不下旨免税，但为时已晚。两年后，王莽便国破身死。但是王莽首创的"无所得税之名，而有所得税之实"的"贡"，比英国1799年开征的所得税早1700多年。

# 单元七

## 个人所得税

个人所得税是以个人取得的各项应税所得为对象征收的一种税。个人所得税起源于英国，是世界各国普遍征收的一个税种，也是我国现行税收法律体系中的主要税种之一。开征个人所得税可以调节收入分配，体现社会公平，增强公民的纳税意识，增加财政收入。个人依法缴纳个人所得税，对实现"中国梦"和"共同富裕"的目标具有重要意义。

### 素质目标

1. 培养学生爱岗敬业、诚实守信的职业道德
2. 培养学生遵纪守法、诚信纳税的意识
3. 培养学生的社会责任感

### 知识目标

1. 掌握个人所得税的纳税人、征税对象
2. 了解个人所得税的税率、税收优惠
3. 熟悉个人所得税的征收管理

## 能力目标

1. 会计算居民个人综合所得应纳个人所得税税额
2. 会计算非居民个人扣缴个人所得税税额
3. 会计算个人其他所得应纳个人所得税税额

本单元讲解个人所得税，任务导图如图 7-1 所示。

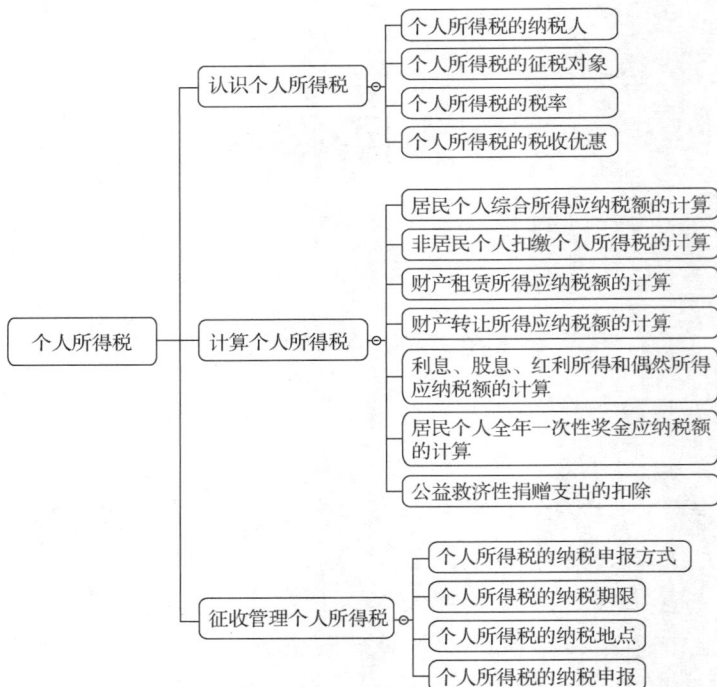

图 7-1  个人所得税任务导图

## 任务一  认识个人所得税

我国最早的个人所得税法是 1980 年 9 月 10 日第五届全国人民代表大会第三次会议审议通过并同时颁布实施的《中华人民共和国个人所得税法》（以下简称《个人所得税法》）。此后全国人民代表大会常务委员会对《个人所得税法》进行了多次修正。2018 年 8 月 31 日，第十三届全国人民代表大会常务委员会第五次会议通过了《关于修改〈中华人民共和国个人所得税法〉的决定》，对《个人所得税法》进行了第七次修正，自 2019 年 1 月 1 日起正式实施。我国现在已经建立了综合与分类相结合的个人所得税税收制度。

## 一、个人所得税的纳税人

个人所得税的纳税人包括中国公民、个体工商户、个人独资企业投资人和合伙企业的个人合伙人等。

个人所得税纳税人依据住所和居住时间两个标准，分为居民个人和非居民个人，分别承担不同的纳税义务。

### （一）居民个人

居民个人，是指在中国境内有住所，或者无住所而一个纳税年度内在中国境内居住累计满 183 天的个人。居民个人负无限纳税义务，从中国境内和境外取得的所得，依照法律规定缴纳个人所得税。

### （二）非居民个人

非居民个人，是指在中国境内无住所又不居住，或者无住所而一个纳税年度内在中国境内居住累计不满 183 天的个人。非居民个人负有限纳税义务，应就其来源于中国境内的所得，向中国缴纳个人所得税。

> **议一议**
>
> 怀特先生是美国人，2023 年 1 月到北京某公司任职。2023 年怀特先生多次从北京去美国出差，但 2023 年在北京停留居住的时间累计超过了 200 天。
>
> 议一议怀特先生个人所得税的纳税义务。

## 二、个人所得税的征税对象

个人所得税的征税对象是纳税人取得的各项应税所得，包括工资、薪金所得，劳务报酬所得，稿酬所得，特许权使用费所得，经营所得，利息、股息、红利所得，财产租赁所得，财产转让所得，偶然所得，共 9 项。个人所得的形式包括现金、实物、有价证券和其他形式的经济利益。

### （一）工资、薪金所得

工资、薪金所得，是指个人因任职或者受雇而取得的工资、薪金、奖金、年终加薪、劳动分红、津贴、补贴以及与任职或受雇有关的其他所得。

下列项目不属于工资、薪金性质的补贴、津贴，不予征收个人所得税。

（1）独生子女补贴。

（2）执行公务员工资制度，未纳入基本工资总额的补贴、津贴差额和家属成员的副食品补贴。

（3）托儿补助费。

（4）差旅费津贴、误餐补助（单位以误餐的名义发放的补助除外）。

## （二）劳务报酬所得

劳务报酬所得，是指个人从事劳务取得的所得，包括从事设计、装潢、安装、制图、化验、测试、医疗、法律、会计、咨询、讲学、翻译、审稿、书画、雕刻、影视、录音、录像、演出、表演、广告、展览、技术服务、介绍服务、经纪服务、代办服务以及其他劳务取得的所得。

## （三）稿酬所得

稿酬所得，是指个人因其作品以图书、报刊形式出版、发行而取得的所得。作品包括文学作品、书画作品、摄影作品及其他作品。作者去世后，财产继承人取得的遗作稿酬，也应按"稿酬所得"项目征收个人所得税。

## （四）特许权使用费所得

特许权使用费所得，是指个人提供专利权、商标权、著作权、非专利技术以及其他特许的使用权取得的所得；提供著作权的使用权取得的所得，不包括稿酬所得。

记一记

（1）作者将自己的文字作品手稿原件或复印件拍卖取得的所得，按"特许权使用费所得"项目缴纳个人所得税。

（2）个人取得专利赔偿所得，应按"特许权使用费所得"项目缴纳个人所得税。

（3）剧本作者从电影、电视剧的制作单位取得的剧本使用费，统一按"特许权使用费所得"项目计征个人所得税。

### （五）经营所得

经营所得，是指下列所得。

（1）个体工商户从事生产、经营活动取得的所得，个人独资企业投资人、合伙企业的个人合伙人来源于境内注册的个人独资企业、合伙企业生产、经营的所得。

（2）个人依法从事办学、医疗、咨询以及其他有偿服务活动取得的所得。

（3）个人对企业、事业单位承包经营、承租经营以及转包、转租取得的所得。

（4）个人从事其他生产、经营活动取得的所得。

### （六）利息、股息、红利所得

利息、股息、红利所得，是指个人拥有债权、股权而取得的利息、股息、红利所得。

### （七）财产租赁所得

财产租赁所得，是指个人出租不动产、机器设备、车船以及其他财产取得的所得。

### （八）财产转让所得

财产转让所得，是指个人转让有价证券、股权、合伙企业中的财产份额、不动产、机器设备、车船以及其他财产取得的所得。

### （九）偶然所得

偶然所得，是指个人得奖、中奖、中彩以及其他偶然性质的所得。

## 三、个人所得税的税率

我国个人所得税采用的税率形式有超额累进税率和比例税率。各项所得适用的税率具体规定如下。

### （一）综合所得适用的税率

居民个人的综合所得适用 3%～45%的超额累进税率，具体税率如表 7-1 所示。

#### 表 7-1 个人所得税税率表一
(综合所得适用)

| 级数 | 全年应纳税所得额 | 税率/% | 速算扣除数 |
|---|---|---|---|
| 1 | 不超过 36 000 元的 | 3 | 0 |
| 2 | 超过 36 000 元至 144 000 元的部分 | 10 | 2 520 |
| 3 | 超过 144 000 元至 300 000 元的部分 | 20 | 16 920 |
| 4 | 超过 300 000 元至 420 000 元的部分 | 25 | 31 920 |
| 5 | 超过 420 000 元至 660 000 元的部分 | 30 | 52 920 |
| 6 | 超过 660 000 元至 960 000 元的部分 | 35 | 85 920 |
| 7 | 超过 960 000 元的部分 | 45 | 181 920 |

注：本表所称全年应纳税所得额是指依照税法规定，居民个人取得综合所得以每一纳税年度收入额减除费用 60 000 元以及专项扣除、专项附加扣除和依法确定的其他扣除后的余额。

非居民个人取得工资、薪金所得，劳务报酬所得，稿酬所得和特许权使用费所得，依照表 7-1 按月换算后计算应纳税额。具体税率如表 7-2 所示。

#### 表 7-2 个人所得税税率表二
(非居民个人工资、薪金所得，劳务报酬所得，稿酬所得，特许权使用费所得适用)

| 级数 | 应纳税所得额 | 税率/% | 速算扣除数 |
|---|---|---|---|
| 1 | 不超过 3 000 元的 | 3 | 0 |
| 2 | 超过 3 000 元至 12 000 元的部分 | 10 | 210 |
| 3 | 超过 12 000 元至 25 000 元的部分 | 20 | 1 410 |
| 4 | 超过 25 000 元至 35 000 元的部分 | 25 | 2 660 |
| 5 | 超过 35 000 元至 55 000 元的部分 | 30 | 4 410 |
| 6 | 超过 55 000 元至 80 000 元的部分 | 35 | 7 160 |
| 7 | 超过 80 000 元的部分 | 45 | 15 160 |

## （二）经营所得适用的税率

经营所得适用 5%~35% 的超额累进税率，具体税率如表 7-3 所示。

表 7-3　个人所得税税率表三

（经营所得适用）

| 级数 | 全年应纳税所得额 | 税率/% | 速算扣除数 |
|------|------------------|--------|------------|
| 1 | 不超过 30 000 元的 | 5 | 0 |
| 2 | 超过 30 000 元至 90 000 元的部分 | 10 | 1 500 |
| 3 | 超过 90 000 元至 300 000 元的部分 | 20 | 10 500 |
| 4 | 超过 300 000 元至 500 000 元的部分 | 30 | 40 500 |
| 5 | 超过 500 000 元的部分 | 35 | 65 500 |

注：本表所称全年应纳税所得额是指依照税法规定，以每一纳税年度的收入总额减除成本、费用以及损失后的余额。

### （三）其他所得适用的税率

利息、股息、红利所得，财产租赁所得，财产转让所得，偶然所得适用比例税率，税率为 20%。

## 四、个人所得税的税收优惠

### （一）免税项目

下列各项个人所得，免征个人所得税。

（1）省级人民政府、国务院部委和中国人民解放军军以上单位，以及外国组织、国际组织颁发的科学、教育、技术、文化、卫生、体育、环境保护等方面的奖金。

（2）国债和国家发行的金融债券利息。

（3）按照国家统一规定发给的补贴、津贴。

（4）福利费、抚恤金、救济金。

（5）保险赔款。

（6）军人的转业费、复员费、退役金。

（7）按照国家统一规定发给干部、职工的安家费、退职费、基本养老金或者退休费、离休费、离休生活补助费。

（8）依照我国有关法律规定应予免税的各国驻华使馆、领事馆的外交代表、领事官员和其他人员的所得。

（9）中国政府参加的国际公约、签订的协议中规定免税的所得。

（10）国务院规定的其他免税所得。

## （二）减税项目

有下列情形之一的，可以减征个人所得税，具体幅度和期限，由省、自治区、直辖市人民政府规定，并报同级人民代表大会常务委员会备案。

（1）残疾、孤老人员和烈属的所得。

（2）因自然灾害遭受重大损失的。

国务院可以规定其他减税情形，报全国人民代表大会常务委员会备案。

## （三）其他免税所得和暂免征税项目

其他免税所得和暂免征税项目如下。

（1）个人在上海、深圳证券交易所转让从上市公司公开发行和转让市场取得的股票，转让所得暂不征收个人所得税。

（2）个人举报、协查各种违法、犯罪行为而获得的奖金暂免征收个人所得税。

（3）个人办理代扣代缴手续，按规定取得的扣缴手续费暂免征收个人所得税。

（4）个人转让自用达5年以上，并且是唯一的家庭生活用房取得的所得，暂免征收个人所得税。

（5）对个人购买福利彩票、体育彩票，一次中奖收入在1万元以下的（含1万元）暂免征收个人所得税，超过1万元的，全额征收个人所得税。

（6）个人取得单张有奖发票奖金所得不超过800元（含800元）的，暂免征收个人所得税。

（7）达到离休、退休年龄，但确因工作需要，适当延长离休退休年龄的高级专家（指享受国家发放的政府特殊津贴的专家、学者），其在延长离休退休期间的工资、薪金所得，视同退休工资、离休工资，免征个人所得税。

（8）自2008年10月9日（含）起，对储蓄存款利息所得暂免征收个人所得税。

（9）自2015年9月8日起，个人从公开发行和转让市场取得的上市公司股票，持股期限超过1年的，股息红利所得暂免征收个人所得税。

（10）符合税法规定条件的其他所得。

**试一试**

根据个人所得税法律制度的规定，居民个人取得的下列所得中，免予或暂免征收个人所得税的有（　　　）。

A. 保险赔款　　　　　　　　　　B. 抚恤金

C. 国债利息收入　　　　　　　　D. 财产租赁所得

## 任务二　计算个人所得税

居民个人取得的工资、薪金所得，劳务报酬所得，稿酬所得和特许权使用费所得 4 项，按纳税年度合并计算个人所得税；非居民个人取得的工资、薪金所得，劳务报酬所得，稿酬所得，特许权使用费所得 4 项，按月或者按次分项计算个人所得税。纳税人取得的经营所得，利息、股息、红利所得，财产租赁所得，财产转让所得，偶然所得，依法分别计算个人所得税。

### 一、居民个人综合所得应纳税额的计算

#### （一）应纳税所得额的计算

综合所得，包括工资、薪金所得，劳务报酬所得，稿酬所得，特许权使用费所得 4 项。综合所得应纳税所得额，是指居民个人每一纳税年度的收入额减除费用 60 000 元以及专项扣除、专项附加扣除和依法确定的其他扣除后的余额，其计算公式如下。

应纳税所得额=每一纳税年度的收入总额−费用 60 000 元−专项扣除−
专项附加扣除−依法确定的其他扣除

劳务报酬所得、稿酬所得、特许权使用费所得以收入减除 20%的费用后的余额为收入额。稿酬所得的收入额减按 70%计算。

#### 1. 专项扣除

专项扣除包括居民个人按照国家规定的范围和标准缴纳的基本养老保险、基本医疗保险、失业保险等社会保险费和住房公积金等。

#### 2. 专项附加扣除

专项附加扣除包括子女教育、继续教育、大病医疗、住房贷款利息、住房租金、赡养老人和 3 岁以下婴幼儿照护。

> **议一议**
>
> 　　小王和小李是甲公司职员，家庭收入大体相当，但家庭支出差异较大。小李家既没有赡养老人和抚养小孩的支出，也没有房贷支出，每年都会安排一次境外旅游；而小王家有两个正在上学的孩子需要抚养，每月还要偿还房贷。此外，小王每年还坚持参加职业资格培训，提升自己的知识水平和职业技能。
>
> 　　如果对这两个家庭征收同样数额的个人所得税，是否公平呢？

（1）子女教育专项附加扣除

纳税人的子女接受学前教育和学历教育的相关支出，按照每个子女每月2 000元的标准定额扣除。

学前教育指年满3岁至小学入学前教育。学历教育包括义务教育（小学、初中教育）、高中阶段教育（普通高中、中等职业、技工教育）、高等教育（大学专科、大学本科、硕士研究生、博士研究生教育）。

受教育子女的父母可以选择由其中一方按扣除标准的100%扣除，也可以选择由双方分别按扣除标准的50%扣除。

（2）继续教育专项附加扣除

纳税人在中国境内接受学历（学位）继续教育的支出，在学历（学位）教育期间按照每月400元定额扣除。同一学历（学位）继续教育的扣除期限不能超过48个月。纳税人接受技能人员职业资格继续教育、专业技术人员职业资格继续教育的支出，在取得相关证书的当年，按照3 600元定额扣除。

个人接受本科及以下学历（学位）继续教育，符合上述扣除条件的，可以选择由其父母扣除，也可以选择由本人扣除。

（3）大病医疗专项附加扣除

在一个纳税年度内，纳税人发生的与基本医保相关的医药费用支出，扣除医保报销后个人负担（指医保目录范围内的自付部分）累计超过15 000元的部分，由纳税人在办理年度汇算清缴时，在80 000元限额内据实扣除。

纳税人发生的医药费用支出可以选择由本人或者其配偶扣除；未成年子女发生的医药费用支出可以选择由其父母一方扣除。纳税人及其配偶、未成年子女发生的医药费用支出，按上述规定分别计算扣除额。

（4）住房贷款利息专项附加扣除

纳税人本人或者配偶单独或者共同使用商业银行或者住房公积金个人住房贷款为本人或者其配偶购买中国境内住房，发生的首套住房贷款利息支出，在实际发生贷款利息的年度，按照每月 1 000 元的标准定额扣除，扣除期限最长不超过 240 个月。纳税人只能享受一次首套住房贷款的利息扣除。

经夫妻双方约定，可以选择由其中一方扣除，具体扣除方式在一个纳税年度内不能变更。

（5）住房租金专项附加扣除

纳税人在主要工作城市没有自有住房而发生的住房租金支出，可以按照以下标准定额扣除：承租的住房位于直辖市、省会（首府）城市、计划单列市以及国务院确定的其他城市，扣除标准为每月 1 500 元；承租的住房位于上述所列城市以外，市辖区户籍人口数量超过 100 万的城市，扣除标准为每月 1 100 元；市辖区户籍人口数量不超过 100 万的城市，扣除标准为每月 800 元。

纳税人的配偶在纳税人的主要工作城市有自有住房的，视同纳税人在主要工作城市有自有住房。夫妻双方主要工作城市相同的，只能由一方扣除住房租金支出。住房租金支出由签订租赁住房合同的承租人扣除。纳税人及其配偶在一个纳税年度内不能同时分别享受住房贷款利息和住房租金专项附加扣除。

（6）赡养老人专项附加扣除

纳税人赡养年满 60 岁的父母及其他法定赡养人的赡养支出，统一按照以下标准定额扣除。

纳税人为独生子女的，按照每月 3 000 元的标准定额扣除；纳税人为非独生子女的，由其与兄弟姐妹分摊每月 3 000 元的扣除额度，每人分摊的额度不能超过每月 1 500 元。

（7）3 岁以下婴幼儿照护专项附加扣除

纳税人照护 3 岁以下婴幼儿子女的相关支出，按照每个婴幼儿每月 2 000 元的标准定额扣除。

父母可以选择由其中一方按扣除标准的 100%扣除，也可以选择由双方分别按扣除标准的 50%扣除，具体扣除方式在一个纳税年度内不能变更。

### 3. 其他扣除

其他扣除包括个人缴付符合国家规定的企业年金、职业年金，个人购买符合国家规定的商业健康保险、税收递延型商业养老保险的支出，以及国务院规定可以扣除的其他项目。

对个人购买符合国家规定的商业健康保险的支出，允许在当年（月）计算应纳税所得额时予以税前扣除，扣除限额为 2 400 元/年（200 元/月）。

**相关链接**

专项扣除、专项附加扣除和依法确定的其他扣除，以居民个人一个纳税年度的应纳税所得额为限额；一个纳税年度扣除不完的，不结转以后年度扣除。

## （二）应纳税额的计算

居民个人的综合所得适用七级超额累进税率，其计算公式如下。

应纳税额＝应纳税所得额×适用税率－速算扣除数

**【例 7-1】**居民李某 2023 年取得工资 210 000 元、劳务报酬 20 000 元。当地规定的社会保险和住房公积金个人缴付比例为：基本养老保险 8%，基本医疗保险 2%，失业保险 0.5%，住房公积金 12%。李某每月缴纳社会保险费核定的缴费工资基数为 15 000 元。李某正在偿还首套住房贷款及贷款利息；李某为独生子女，其独生子正就读大学三年级；李某父母均已经年过 60 岁。李某夫妇约定由李某扣除贷款和子女教育费。

**要求：**计算李某 2023 年度应缴纳的个人所得税税额。

**解析：**（1）收入总额＝210 000+20 000×80%＝226 000（元）

（2）全年减除费用为 60 000 元。

（3）专项扣除＝15 000×（8%+2%+0.5%+12%）×12＝40 500（元）

（4）专项附加扣除如下。

李某子女教育支出扣除标准为 2 000 元/月，全年扣除 24 000 元。

李某首套住房贷款利息支出扣除标准为 1 000 元/月，全年扣除 12 000 元。

李某赡养老人支出扣除标准为 3 000 元/月，全年扣除 36 000 元。

专项附加扣除合计＝24 000+12 000+36 000＝72 000（元）

（5）应纳税所得额＝226 000-60 000-40 500-72 000＝53 500（元）

（6）应缴纳的个人所得税税额＝53 500×10%-2 520＝2 830（元）

## （三）综合所得预扣预缴税额的计算

由于扣缴义务人向居民个人支付工资、薪金所得，劳务报酬所得，稿酬所得，特许权使用费所得时，预扣预缴个人所得税，因此在实际工作中，扣缴义务人需要按月或者按次预扣预缴税款，次年办理汇算清缴。

（1）扣缴义务人向居民个人支付工资、薪金所得时，应当按照累计预扣法计算预扣税款，并按月办理全员全额扣缴申报。具体计算公式如下。

本期应预扣预缴税额=（累计预扣预缴应纳税所得额×预扣率-速算扣除数）-
累计减免税额-累计已预扣预缴税额

累计预扣预缴应纳税所得额=累计收入-累计免税收入-累计减除费用-累计专项
扣除-累计专项附加扣除-累计依法确定的其他扣除

其中，累计减除费用，按照 5 000 元/月乘以纳税人当年截至本月在本单位的任职受雇月份数计算。

上述公式中，计算居民个人工资、薪金所得预扣预缴税额的预扣率、速算扣除数，按表 7-4 执行。

### 表 7-4　个人所得税预扣率表一

（居民个人工资、薪金所得预扣预缴适用）

| 级数 | 累计预扣预缴应纳税所得额 | 预扣率/% | 速算扣除数 |
| --- | --- | --- | --- |
| 1 | 不超过 36 000 元的部分 | 3 | 0 |
| 2 | 超过 36 000 元至 144 000 元的部分 | 10 | 2 520 |
| 3 | 超过 144 000 元至 300 000 元的部分 | 20 | 16 920 |
| 4 | 超过 300 000 元至 420 000 元的部分 | 25 | 31 920 |
| 5 | 超过 420 000 元至 660 000 元的部分 | 30 | 52 920 |
| 6 | 超过 660 000 元至 960 000 元的部分 | 35 | 85 920 |
| 7 | 超过 960 000 元的部分 | 45 | 181 920 |

（2）扣缴义务人向居民个人支付劳务报酬所得、稿酬所得、特许权使用费所得，按次或者按月预扣预缴个人所得税。具体预扣预缴方法如下。

劳务报酬所得、稿酬所得、特许权使用费所得以收入减除费用后的余额为收入额。其中，稿酬所得的收入额减按 70%计算。

减除费用：劳务报酬所得、稿酬所得、特许权使用费所得每次收入不超过 4 000 元的，减除费用按 800 元计算；每次收入 4 000 元以上的，减除费用按 20%计算。

应纳税所得额：劳务报酬所得、稿酬所得、特许权使用费所得，以每次收入额为预扣预缴应纳税所得额。劳务报酬所得适用 20%至 40%的超额累进预扣率，如表 7-5 所示，稿酬所得、特许权使用费所得适用 20%的比例预扣率。

劳务报酬所得应预扣预缴税额=预扣预缴应纳税所得额×预扣率-速算扣除数

稿酬所得、特许权使用费所得应预扣预缴税额=预扣预缴应纳税所得额×20%

表 7-5　个人所得税预扣率表二

（居民个人劳务报酬所得预扣预缴适用）

| 级数 | 预扣预缴应纳税所得额 | 预扣率/% | 速算扣除数 |
|------|------|------|------|
| 1 | 不超过 20 000 元的部分 | 20 | 0 |
| 2 | 超过 20 000 元至 50 000 元的部分 | 30 | 2 000 |
| 3 | 超过 50 000 元的部分 | 40 | 7 000 |

【例 7-2】在中国境内某高校任职的居民张教授 2024 年 1 月至 3 月的收入如下：每月取得工资 15 000 元；为甲公司新进职员进行入职培训，取得劳务报酬 3 800 元；出版一部著作，从出版社取得稿酬 30 000 元。

已知：张教授专项扣除为 3 375 元/月，从 1 月起享受子女教育专项附加扣除 2 000 元/月。

要求：计算高校、甲公司、出版社为张教授预扣预缴的个人所得税税额。

解析：高校 1 月预扣预缴个人所得税税额=（15 000-5 000-3 375-2 000）×3%=138.75（元）

高校 2 月预扣预缴个人所得税税额=（15 000×2-5 000×2-3 375×2-2 000×2）×3%-138.75=138.75（元）

高校 3 月预扣预缴个人所得税税额=（15 000×3-5 000×3-3 375×3-2 000×3）×3%-138.75-138.75=138.75（元）

甲公司预扣预缴个人所得税税额=（3 800-800）×20%=600（元）

出版社预扣预缴个人所得税税额=（30 000-30 000×20%）×70%×20%=3 360（元）

## 二、非居民个人扣缴个人所得税的计算

### （一）应纳税所得额的确定

扣缴义务人向非居民个人支付工资、薪金所得，劳务报酬所得，稿酬所得，特许权使用费所得时，应按下列方法确定应纳税所得额并代扣代缴个人所得税。

非居民个人的工资、薪金所得，以每月收入额减除费用 5 000 元后的余额为应纳税所得额；劳务报酬所得、稿酬所得、特许权使用费所得，以每次收入额为应纳税所得额。其中，劳务报酬所得、稿酬所得、特许权使用费所得以收入减除 20%的费用后的余额为收入额。稿酬所得的收入额减按 70%计算。

> 📖 **记一记**
>
> 非居民个人的劳务报酬所得、稿酬所得、特许权使用费所得，属于一次性收入的，以取得该项收入为一次；属于同一项目连续性收入的，以一个月内取得的收入为一次。

### （二）应纳税额的计算

非居民个人工资、薪金所得，劳务报酬所得，稿酬所得，特许权使用费所得适用表 7-2 所列税率计算应纳税额，其计算公式如下。

$$应纳税额=应纳税所得额×税率-速算扣除数$$

**【例 7-3】** 非居民个人玛丽在境内甲公司工作，2023 年 12 月取得工资、薪金 20 000 元；为境内乙公司员工进行 2 次技能培训，每次取得劳务报酬 2 000 元。

**要求：** 计算玛丽当月各项所得应缴纳的个人所得税税额。

**解析：** 非居民个人取得的工资、薪金所得，劳务报酬所得，稿酬所得，特许权使用费所得 4 项，按月或者按次分项计算个人所得税，并由发放所得的单位代扣代缴税款。玛丽 12 月取得的 2 次技能培训收入属于同一项目连续性收入，以一个月内取得的收入为一次计税。

**解析：** 工资、薪金所得应缴纳个人所得税税额=（20 000-5 000）×20%-1 410=1 590（元）

劳务报酬所得应缴纳个人所得税税额=2 000×2×（1-20%）×10%-210=110（元）

## 👤 三、财产租赁所得应纳税额的计算

### （一）应纳税所得额的确定

财产租赁所得以一个月内取得的收入为一次。每次收入不超过 4 000 元的，减除费用 800 元；每次收入超过 4 000 元的，减除 20% 的费用，其余额为应纳税所得额。

每次收入不超过 4 000 元的，其计算公式如下。

应纳税所得额=每次（月）收入额-合理的税费-修缮费用（以 800 元为限）-800

每次收入超过 4 000 元的，其计算公式如下。

应纳税所得额=［每次（月）收入额-合理的税费-修缮费用（以 800 元为限）］×（1-20%）

### （二）应纳税额的计算

财产租赁所得适用 20% 的比例税率。但对个人出租居民住房取得的所得，自 2001 年 1 月 1 日起暂减按 10% 的税率征税。其计算公式如下。

$$应纳税额=应纳税所得额×适用税率$$

**【例7-4】**李某自 2023 年 1 月起出租住房，租期 1 年，每月取得租金 5 000 元，不考虑其他税费。

**要求：**计算李某 2023 年出租住房应缴纳的个人所得税税额。

**解析：**应缴纳的个人所得税税额=5 000×（1-20%）×10%×12=4 800（元）

## 四、财产转让所得应纳税额的计算

### （一）应纳税所得额的确定

财产转让所得以个人每次转让财产取得的收入额减除财产原值和合理费用后的余额为应纳税所得额。财产转让应纳税所得额的计算公式如下。

$$应纳税所得额=每次收入额-财产原值-合理费用$$

### （二）应纳税额的计算

财产转让所得适用 20% 的比例税率。其应纳税额的计算公式如下。

$$应纳税额=应纳税所得额×适用税率$$

**【例7-5】**王某 2023 年 12 月将一间商铺出售，原值为 250 万元，不含增值税售价为 300 万元，发生合理税费 12 万元。

**要求：**计算王某出售商铺应缴纳的个人所得税税额。

**解析：**应缴纳的个人所得税税额=（300-250-12）×20%=7.60（万元）

## 五、利息、股息、红利所得和偶然所得应纳税额的计算

利息、股息、红利所得，以支付利息、股息、红利时取得的收入为一次；偶然所得，以每次取得该项收入为一次。利息、股息、红利所得和偶然所得，以个人每次取得的收入额为应纳税所得额，不得从收入中扣除任何费用。

利息、股息、红利所得，偶然所得适用 20% 的比例税率。其应纳税额的计算公式如下。

$$应纳税额=应纳税所得额（每次收入额）×适用税率$$

---

**记一记**

个人从公开发行和转让市场取得的上市公司股票，持股期限在 1 个月以内（含 1 个月）的，其股息、红利所得全额计入应纳税所得额；持股期限在 1 个月以上至 1 年（含 1 年）的，暂减按 50% 计入应纳税所得额；自 2015 年 9 月 8 日起，个人从公开发行和转让市场取得的上市公司股票，持股期限超过 1 年的，股息、红利所得暂免征收个人所得税。

---

【例 7-6】张某 2023 年 12 月取得如下所得：从 A 上市公司取得 1 年期股息所得 50 000 元；取得一年期银行储蓄存款利息 4 500 元。

**要求：** 计算张某上述所得应缴纳的个人所得税税额。

**解析：** 个人取得上市公司的 1 年期股息所得减半征收个人所得税。对个人储蓄存款利息所得暂免征收个人所得税。

股息所得应缴纳的个人所得税税额 = 50 000×20%×50% = 5 000（元）

## 六、居民个人全年一次性奖金应纳税额的计算

居民个人取得全年一次性奖金，在 2027 年 12 月 31 日前，不并入当年综合所得，以全年一次性奖金收入除以 12 得到的数额，按照按月换算后的综合所得税率表，确定适用税率和速算扣除数，单独计算纳税。计算公式如下。

应纳税额 = 全年一次性奖金收入×适用税率 - 速算扣除数

居民个人取得全年一次性奖金，也可以选择并入当年综合所得计算纳税。

自 2028 年 1 月 1 日起，居民个人取得全年一次性奖金，应并入当年综合所得计算缴纳个人所得税。

【例 7-7】居民王某是境内甲公司的工程师，2023 年全年收入情况如下。

（1）取得全年工资 120 000 元，12 月取得全年一次性奖金 30 000 元。

（2）4 月为乙公司设计产品，取得劳务报酬 50 000 元。

（3）10 月出版著作一部，取得稿酬 16 000 元。

**已知：** 王某全年专项扣除合计 27 000 元；专项附加扣除合计 48 000 元。

**要求：** 计算王某 2023 年度应缴纳的个人所得税税额。

**解析：**（1）全年一次性奖金单独计税时。

收入额 = 120 000+50 000×（1-20%）+16 000×（1-20%）×70% = 168 960（元）

扣除项合计 = 60 000+27 000+48 000 = 135 000（元）

应纳税所得额 = 168 960-135 000 = 33 960（元）

综合所得应缴纳个人所得税税额=33 960×3%=1 018.80（元）

全年一次性奖金应纳税额=30 000×3%=900（元）

合计应缴纳的个人所得税税额=1 018.80+900=1 918.80（元）

（2）全年一次性奖金合并到综合所得计税时。

收入额=120 000+50 000×（1-20%）+16 000×（1-20%）×70%+30 000=198 960（元）

扣除项合计=60 000+27 000+48 000=135 000（元）

应纳税所得额=198 960-135 000=63 960（元）

综合所得应缴纳的个人所得税税额=63 960×10%-2 520=3 876（元）

## 七、公益救济性捐赠支出的扣除

个人将其所得通过中国境内的公益性社会组织、国家机关向教育、扶贫、济困等公益慈善事业的捐赠，捐赠额未超过纳税人申报的应纳税所得额 30% 的部分，可以从其应纳税所得额中扣除。应纳税所得额是指扣除捐赠额之前的应纳税所得额。

> **相关链接**
>
> 下列公益救济性捐赠支出，在计算缴纳个人所得税时，准予在税前的所得额中全额扣除。
> （1）向红十字事业的捐赠。
> （2）向教育事业的捐赠。
> （3）向农村义务教育的捐赠。
> （4）向公益性青少年活动场所（其中包括新建）的捐赠。
> （5）对福利性、非营利性老年服务机构的捐赠。
> （6）向宋庆龄基金会、中国医药卫生事业发展基金会、中国老龄事业发展基金会等单位的捐赠。

【例7-8】王某 2023 年 12 月购买福利彩票中奖 100 万元，领奖时向所在省慈善总会捐赠 20 万元。

**要求：**计算王某该项中奖所得应缴纳的个人所得税税额。

**解析：**捐赠扣除限额=100×30%=30（万元），大于实际捐赠额 20 万元，捐赠额可以全部从应纳税所得额中扣除。

应缴纳的个人所得税税额=（100-20）×20%=16（万元）

## 任务三 征收管理个人所得税

### 一、个人所得税的纳税申报方式

#### （一）个人所得税的扣缴申报

个人所得税以所得人为纳税人，以支付所得的单位或者个人为扣缴义务人。扣缴义务人向个人支付应税款项时，应当依照《个人所得税法》规定预扣或代扣代缴税款，按时缴库，并专项记载备查。

纳税人有中国公民身份号码的，以中国公民身份号码为纳税人识别号；纳税人没有中国公民身份号码的，由税务机关赋予其纳税人识别号。扣缴义务人扣缴税款时，纳税人应当向扣缴义务人提供纳税人识别号。

#### （二）纳税人办理纳税申报的情形

有下列情形之一的，纳税人应当依法办理纳税申报。

（1）取得综合所得需要办理汇算清缴的纳税申报。

取得综合所得且符合下列情形之一的纳税人，应当依法办理汇算清缴。

① 从两处以上取得综合所得，且综合所得年收入额减除专项扣除后的余额超过 6 万元。

② 取得劳务报酬所得、稿酬所得、特许权使用费所得中一项或者多项所得，且综合所得年收入额减除专项扣除的余额超过 6 万元。

③ 纳税年度内预缴税额低于应纳税额。

④ 纳税人申请退税。

（2）取得应税所得没有扣缴义务人。

（3）取得应税所得，扣缴义务人未扣缴税款。

（4）取得境外所得。

（5）因移居境外注销中国户籍。

（6）非居民个人在中国境内从两处以上取得工资、薪金所得。

（7）国务院规定的其他情形。

### 二、个人所得税的纳税期限

（1）居民个人取得综合所得，按年计算个人所得税；有扣缴义务人的，由扣缴义务人按月或者按次预扣预缴税款；需要办理汇算清缴的，应当在取得所得的次年 3 月 1 日至 6 月 30 日内办理汇算清缴。

（2）居民个人从中国境外取得所得的，应当在取得所得的次年 3 月 1 日至 6 月 30 日内申报纳税。

（3）非居民个人取得工资、薪金所得，劳务报酬所得，稿酬所得和特许权使用费所得，有扣缴义务人的，由扣缴义务人按月或者按次代扣代缴税款，不办理汇算清缴。

（4）非居民个人在中国境内从两处以上取得工资、薪金所得的，应当在取得所得的次月 15 日内申报纳税。

（5）纳税人取得经营所得，按年计算个人所得税，由纳税人在月度或者季度终了后 15 日内向税务机关报送纳税申报表，并预缴税款；在取得所得的次年 3 月 31 日前办理汇算清缴。

（6）纳税人取得利息、股息、红利所得，财产租赁所得，财产转让所得和偶然所得，按月或者按次计算个人所得税，有扣缴义务人的，由扣缴义务人按月或者按次代扣代缴税款。

（7）纳税人取得应税所得没有扣缴义务人的，应当在取得所得的次月 15 日内向税务机关报送纳税申报表，并缴纳税款。

（8）纳税人取得应税所得，扣缴义务人未扣缴税款的，纳税人应当在取得所得的次年 6 月 30 日前，缴纳税款；税务机关通知限期缴纳的，纳税人应当按照期限缴纳税款。

（9）纳税人因移居境外注销中国户籍的，应当在注销中国户籍前办理税款清算。

（10）扣缴义务人每月或者每次预扣、代扣的税款，应当在次月 15 日内缴入国库，并向税务机关报送扣缴个人所得税申报表。

## 三、个人所得税的纳税地点

（1）纳税人有两处以上任职、受雇单位的，选择向其中一处任职、受雇单位所在地主管税务机关办理纳税申报；纳税人没有任职、受雇单位的，向户籍所在地或经常居住地主管税务机关办理纳税申报。

（2）纳税人取得经营所得，按年计算个人所得税，纳税人向经营管理所在地主管税务机关办理预缴纳税申报；从两处以上取得经营所得的，选择向其中一处经营管理所在地主管税务机关办理年度汇总申报。

（3）纳税人因移居境外注销中国户籍的，应当在申请注销中国户籍前，向户籍所在地主管税务机关办理纳税申报，进行税款清算。

（4）非居民个人在中国境内从两处以上取得工资、薪金所得的，应当向其中一处任职、受雇单位所在地主管税务机关办理纳税申报。

## 四、个人所得税的纳税申报

纳税人通过远程办税端、电子或者纸质报表等方式，填写《个人所得税专项附加扣除信息表》，向扣缴义务人或者主管税务机关报送个人专项附加扣除信息。扣缴义务人向居民个人支付工资、薪金所得，劳务报酬所得，稿酬所得，特许权使用费所得时，预扣预缴个人所得税，并向主管税务机关报送《个人所得税扣缴申报表》。

## 课后练习

**一、单项选择题**

1. 根据个人所得税法律制度的规定，个人取得的下列所得中，属于"工资、薪金所得"的是（　　）。

A. 年终加薪　　B. 托儿补助费　　C. 误餐补助　　D. 独生子女补贴

2. 根据个人所得税法律制度的规定，下列征税项目中，个人出租住房取得的所得适用的是（　　）。

A. 财产转让所得　　　　　　　　B. 特许权使用费所得

C. 偶然所得　　　　　　　　　　D. 财产租赁所得

3. 依据个人所得税法律制度的规定，下列征税项目中，个人转让有价证券取得的所得适用的是（　　）。

A. 偶然所得　　　　　　　　　　B. 财产转让所得

C. 股息、红利所得　　　　　　　D. 特许权使用费所得

4. 根据个人所得税法律制度的规定，下列各项中，免予或暂免征收个人所得税的是（　　）。

A. 个人取得的劳动分红　　　　　B. 个人获得的财产保险赔款

C. 个人取得的年终奖金　　　　　D. 个人取得的专利技术使用费

5. 居民个人在计算个人所得税应纳税所得额时，下列扣除项目中，不属于专项附加扣除的有（　　）。

A. 住房公积金　　　　　　　　　B. 住房贷款利息

C. 住房租金　　　　　　　　　　D. 赡养老人

6. 居民李某 2023 年每月取得工资、薪金 8 000 元，李某个人负担的基本

社会保险费用为 840 元，住房公积金为 960 元。在计算李某 2023 年度综合所得应纳税所得额时，准予扣除的专项扣除项目金额为（　　）元。

    A. 10 800　　　B. 1 1520　　　C. 2 1600　　　D. 8 1600

7. 2023 年 12 月，王某为甲单位提供维修服务，取得劳务报酬 1 500 元，购买修理用工具支出 200 元。这笔劳务报酬在计入综合所得应纳税所得额时应确认的收入额为（　　）元。

    A. 728　　　B. 840　　　C. 1 040　　　D. 1 200

8. 居民王某出版一部小说，取得稿酬 60 000 元。这笔稿酬所得在计入综合所得应纳税所得额时应确认的收入额为（　　）元。

    A. 33 600　　　B. 42 000　　　C. 48 000　　　D. 60 000

9. 演员王某为居民纳税人，2023 年 12 月参加甲单位举办的一场演出活动，获得演出费 30 000 元。甲单位应预扣预缴个人所得税税额为（　　）元。

    A. 3 040　　　B. 4 800　　　C. 5 200　　　D. 6 000

10. 居民张某出版一部专著，取得稿酬 40 000 元。该笔稿酬应预扣预缴个人所得税税额为（　　）元。

    A. 4 480　　　B. 6 400　　　C. 7840　　　D. 8 000

11. 某外籍专家甲在我国境内无住所，于 2023 年 1 月至 5 月受聘来华工作。期间我国境内企业每月支付给甲的应发工资为人民币 18 000 元。甲每月应缴纳个人所得税税额为（　　）元。

    A. 1 090　　　B. 1 190　　　C. 2 190　　　D. 2 390

12. 李某转让一处原值为 200 万元的临街商铺，取得不含增值税的转让收入 450 万元，支付可以税前扣除的各项合理税费合计 5 万元（均取得合法票据）。已知财产转让所得个人所得税税率为 20%。李某出售该商铺应缴纳个人所得税税额为（　　）万元。

    A. 40　　　B. 49　　　C. 50　　　D. 90

13. 2023 年 1 月，周某在商场举办的有奖销售活动中获得奖金 4 000 元，周某领奖时支付交通费 30 元、餐费 70 元。已知偶然所得个人所得税税率为 20%。周某中奖奖金应缴纳个人所得税税额为（　　）元。

    A. 786　　　B. 780　　　C. 794　　　D. 800

14. 李某参加商场的有奖销售活动时，中奖收入 20 000 元。李某领奖时告知商场通过民政部门向当地卫生事业捐款 5 000 元。李某该中奖所得应缴纳个人所得税税额为（　　）元。

    A. 2 800　　　B. 4 000　　　C. 3 000　　　D. 3 200

15. 根据个人所得税法律制度的规定，居民个人取得综合所得，需要办理汇算清缴的，应当在取得所得的次年一定期间内办理汇算清缴。该期间为（      ）。

A. 1 月 1 日至 3 月 31 日　　　　B. 2 月 1 日至 4 月 30 日

C. 3 月 1 日至 6 月 30 日　　　　D. 4 月 1 日至 7 月 31 日

## 二、多项选择题

1. 根据个人所得税法律制度的规定，下列个人中，属于非居民个人的有（      ）。

A. 在我国境内有住所的个人

B. 在我国境内无住所且不居住的个人

C. 在我国境内无住所，且在我国境内一个纳税年度居住累计不满 183 天的个人

D. 在我国境内无住所，且在我国境内一个纳税年度居住累计满 183 天的个人

2. 根据个人所得税法律制度的规定，下列各项中，属于"劳务报酬所得"的有（      ）。

A. 大学教授从企业取得的咨询费

B. 公司高管从大学取得的讲课费

C. 设计院的设计师从非任职家装公司取得的设计费

D. 编剧从电视剧制作单位取得的剧本使用费

3. 根据个人所得税法律制度的规定，个人的下列收入中，属于"特许权使用费所得"的有（      ）。

A. 教师自行举办培训班取得的收入

B. 个人取得的特许权经济赔偿收入

C. 作家公开拍卖自己的文字作品手稿复印件的收入

D. 电视剧编剧从任职的电视剧制作单位取得的剧本使用费

4. 根据个人所得税法律制度的规定，下列各项中，属于"综合所得"的有（      ）。

A. 工资、薪金所得　　　　　　B. 劳务报酬所得

C. 财产租赁所得　　　　　　　D. 特许权使用费所得

5. 根据个人所得税法律制度的规定，下列所得中，免征个人所得税的有（      ）。

A. 军人领取的转业费　　　　　B. 教师取得的工资所得

C. 作家拍卖手稿原件所得　　　D. 工人取得的保险赔款

6. 居民个人在计算个人所得税应纳税所得额时，下列扣除项目中，属于专项扣除的有（　　　）。

　　A. 个人按照规定缴纳的社会保险费

　　B. 个人按照规定缴纳的住房公积金

　　C. 个人缴付符合国家规定的职业年金

　　D. 个人购买符合国家规定的商业健康保险

7. 根据个人所得税法律制度的规定，下列情形中，纳税人应当依法办理纳税申报的有（　　　）。

　　A. 取得综合所得需要办理汇算清缴

　　B. 取得应税所得没有扣缴义务人

　　C. 取得境外所得

　　D. 因移居境外注销中国户籍

## 三、判断题

1. 个人独资企业的投资人属于个人所得税纳税人。　　　　　　（　　　）

2. 居民个人负有限纳税义务，仅就其来源于中国境内的所得，向中国缴纳个人所得税。　　　　　　（　　　）

3. 企业年底以实物形式发放给单位职工奖金，职工不需要缴纳个人所得税。　　　　　　（　　　）

4. 个人取得审稿所得为稿酬所得。　　　　　　（　　　）

5. 个人举报违法行为而获得的奖金暂免征收个人所得税。（　　　）

6. 居民个人取得综合所得，按年计算个人所得税。（　　　）

7. 纳税人有两处以上任职、受雇单位的，选择向其中一处任职、受雇单位所在地主管税务机关办理纳税申报。　　　　　　（　　　）

8. 纳税人因移居境外注销中国户籍的，应当在注销中国户籍后办理税款清算。　　　　　　（　　　）

## 四、计算题

居民李某为境内某高校教师，2023年度收入情况如下。

（1）每月工资、薪金11 000元。当地规定的社会保险金和住房公积金个人缴付比例为：基本养老保险8%，基本医疗保险2%，失业保险0.5%，住房公积金12%。王某每月缴纳社会保险费核定的缴费工资基数为10 000元。

（2）2月，因投保财产遭受损失，取得保险赔款5 000元。

（3）李某共有两套住房，7月将另一城市的一套住房出售，取得转让收入1 500 000元，该房屋原值800 000元。卖房时支付有关税费85 000元（不含增值税）、广告费15 000元。

（4）10月，李某编写一本著作出版，取得稿酬20 000元。

（5）11月，接受邀请给一个单位讲学2次，第一次取得报酬2 000元，第二次取得报酬1 500元。

已知：李某为独生子女，父母均为63岁，8岁的儿子在上小学。李某夫妇约定由李某扣除子女教育费支出。

要求：根据上述资料，计算李某2023年度应缴纳的个人所得税税额。

👉**税收历史专栏**

## 孔子与税收

众所周知，孔子是我国的圣人，中国古代伟大的思想家、政治家、教育家，儒家的创始人。但是大家不知道的是，孔子还当过税务官，而且干得还相当不错。

孔子20岁时，经友人举荐做了鲁国大夫孟懿子的税务官，整饬当时混乱的赋税状况。当时的征税是用计量斗征集粮食，一些征收人员在计量斗上作弊，坑害佃农，中饱私囊。孔子上任后，就遇上佃农集体申请免税，借口灾荒，不肯纳税的情况。孔子到实地调查，了解到当年风调雨顺，粮食收成很好，只是征收人员用大计量斗征粮，引起佃农不满，不愿交粮。孔子立即清除了贪赃的部属，恢复用标准斗征粮。同时孔子规定，在纳税期限之前交完税的，可减免一成；在纳税期限之内交完税的，可减免半成；超过纳税期限交税的，要加收一成；抗税不交的，收回土地另派他人耕种；欠税的，要先交清欠税，才能继续耕种土地。这样一来，佃农争先恐后交税，纳税期限未到，税已如数收足，而且比往年多收二成，孟懿子大加赞赏。

几年税务官的实践经历，为孔子税收思想的形成奠定了坚实的基础。孔子在论语中提出："道千乘之国，敬事而信，节用而爱人，使民以时。"所谓"使民以时"，就是要求从事徭役的时间不影响农业生产，就是尽量减少税收对经济发展的不良影响。孔子还提出"君子之行也，度于礼，施取其厚，事举其中，敛从其薄。"他主张"薄赋敛"，并把什一之税作为"薄赋敛"的标准。这既源于公平合理的税收原则，又反过来指导税收实践。回眸春秋战国时期，孔子体恤人民疾苦、呼吁减轻税负，他的税收智慧为后儒所继承，成为历代儒家的税收主张。西汉王朝汉武帝之后，孔子思想成为二千年封建文化的正统，对历代封建政府税收政策的制定产生了巨大的影响。

# 单元八

## 财产和行为税

财产和行为税是现有税种中有关财产类和行为类税种的统称，包括城镇土地使用税、房产税、车船税、印花税、耕地占用税、资源税、土地增值税、契税、环境保护税、车辆购置税等。世界上很多国家除了对商品、服务和各类所得实行普遍征税之外，还对财产和特定行为征税。对财产和特定行为征税，不仅是为了增加财政收入，更主要的是为了配合国家的经济政策，发挥税收的特殊调节作用。

### 🔒 素质目标

1. 培养学生爱岗敬业、诚实守信的职业道德
2. 培养学生遵纪守法、诚信纳税的意识
3. 培养学生的社会责任感

### 🔒 知识目标

1. 掌握城镇土地使用税、房产税、车船税、印花税的构成要素
2. 了解财产和行为税中其他税的构成要素

## 能力目标

1. 会计算城镇土地使用税、房产税、车船税、印花税的应纳税额
2. 能解读《财产和行为税纳税申报表》

本单元讲解财产和行为税，任务导图如图 8-1 所示。

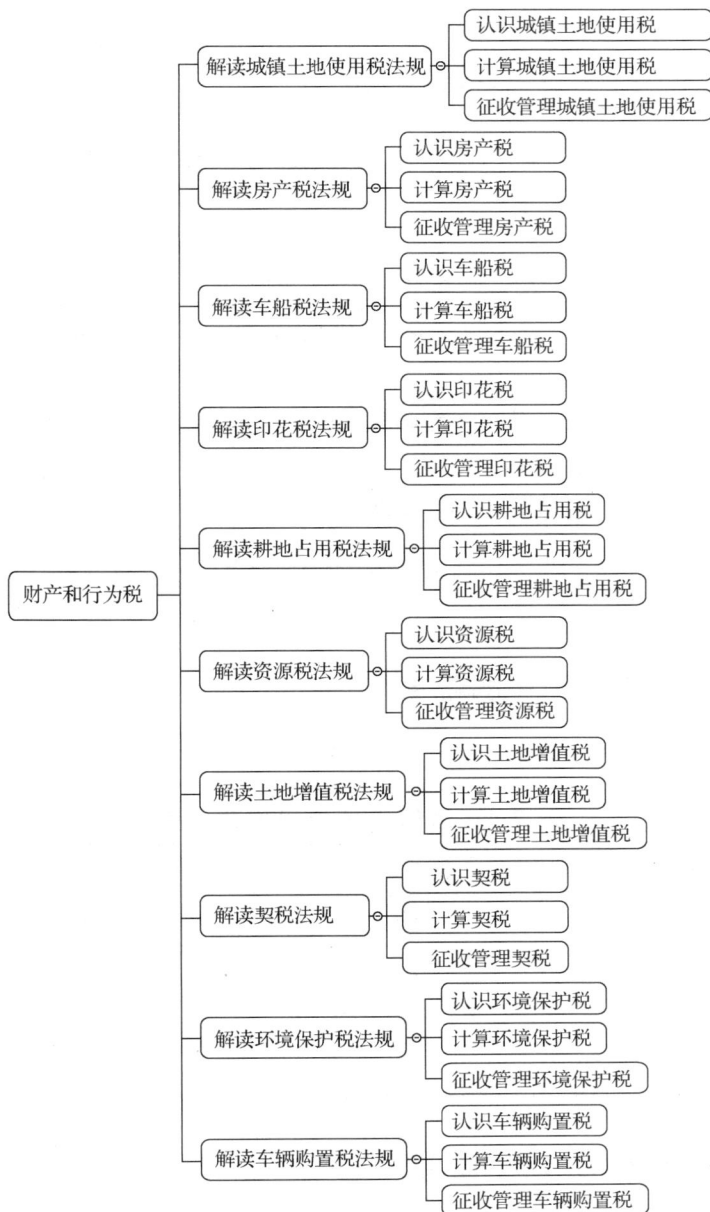

图 8-1　财产和行为税任务导图

**解读城镇土地使用税法规**

## 一、认识城镇土地使用税

城镇土地使用税是国家在城市、县城、建制镇和工矿区范围内，对使用土地的单位和个人，以其实际占用的土地面积为计税依据，按照规定的税额计算征收的一种税。

### （一）城镇土地使用税的征税范围

城镇土地使用税的征税范围，包括在城市、县城、建制镇和工矿区内的国家所有和集体所有的土地。

> **记一记**
>
> 建立在城市、县城、建制镇和工矿区以外的工矿企业不需要缴纳城镇土地使用税。
>
> 公园和名胜古迹内的索道公司经营用地,应按规定缴纳城镇土地使用税。

### （二）城镇土地使用税的纳税人

在城市、县城、建制镇、工矿区范围内使用土地的单位和个人，为城镇土地使用税的纳税人。

### （三）城镇土地使用税的税率

城镇土地使用税采用定额税率，具体如表 8-1 所示。

表 8-1　城镇土地使用税税率表

| 级别 | 人口数量/人 | 每平方米税额/元 |
|---|---|---|
| 大城市 | 50 万以上 | 1.5～30 |
| 中等城市 | 20 万～50 万 | 1.2～24 |
| 小城市 | 20 万以下 | 0.9～18 |
| 县城、建制镇、工矿区 | | 0.6～12 |

### （四）城镇土地使用税的税收优惠

下列土地免征城镇土地使用税。

（1）国家机关、人民团体、军队自用的土地。

（2）由国家财政部门拨付事业经费的单位自用的土地。

（3）宗教寺庙、公园、名胜古迹自用的土地。

（4）市政街道、广场、绿化地带等公共用地。

（5）直接用于农、林、牧、渔业的生产用地。

（6）经批准开山填海整治的土地和改造的废弃土地，从使用的月份起免缴城镇土地使用税5～10年。

（7）由财政部另行规定免税的能源、交通、水利设施用地和其他用地。

# 二、计算城镇土地使用税

## （一）计税依据

城镇土地使用税以纳税人实际占用的土地面积为计税依据。土地面积以平方米为计量标准。

> **相关链接**
>
> 　纳税人实际占用的土地面积按照下列办法确定。
>
> （1）凡由省级人民政府确定的单位组织测定土地面积的，以测定的面积为准。
>
> （2）尚未组织测定，但纳税人持有政府部门核发的土地使用证书的，以证书确定的土地面积为准。
>
> （3）尚未核发土地使用证书的，应由纳税人据实申报土地面积，并据以纳税，待核发土地使用证后再作调整。

## （二）应纳税额的计算

城镇土地使用税以纳税人实际占用的应税土地面积乘以适用税额计算征收。计算公式如下。

全年应纳税额=实际占用应税土地面积（平方米）×适用税额

【例8-1】甲公司为增值税一般纳税人，2023年实际占地土地面积为36 000平方米。

**已知**：适用城镇土地使用税每平方米年税额为10元。

**要求**：计算甲公司2023年度应缴纳的城镇土地使用税税额。

**解析**：应缴纳的城镇土地使用税税额=36 000×10=360 000（元）

## 👤 三、征收管理城镇土地使用税

### （一）城镇土地使用税的纳税义务发生时间

（1）纳税人购置新建商品房，自房屋交付使用之次月起，缴纳城镇土地使用税。

（2）纳税人购置存量房，自办理房屋权属转移、变更登记手续，房地产权属登记机关签发房屋权属证书之次月起，缴纳城镇土地使用税。

（3）纳税人出租、出借房产，自交付出租、出借房产之次月起，缴纳城镇土地使用税。

（4）以出让或转让方式有偿取得土地使用权的，应由受让方从合同约定交付土地时间的次月起缴纳城镇土地使用税；合同未约定交付土地时间的，由受让方从合同签订的次月起缴纳城镇土地使用税。

（5）纳税人新征用的耕地，自批准征用之日起满 1 年时开始缴纳城镇土地使用税。

（6）纳税人新征用的非耕地，自批准征用次月起缴纳城镇土地使用税。

### （二）城镇土地使用税的纳税期限

城镇土地使用税按年计算、分期缴纳，缴纳期限由省、自治区、直辖市人民政府确定。

### （三）城镇土地使用税的纳税地点

城镇土地使用税由土地所在地的税务机关征收。

纳税人使用的土地不属于同一省、自治区、直辖市管辖的，由纳税人分别向土地所在地的税务机关缴纳城镇土地使用税；在同一省、自治区、直辖市管辖范围内，纳税人跨地区使用的土地，其纳税地点由各省、自治区、直辖市税务局确定。

### （四）城镇土地使用税的纳税申报

自 2021 年 6 月 1 日起，纳税人发生城镇土地使用税、房产税、车船税、印花税、耕地占用税、资源税、土地增值税、契税、环境保护税、烟叶税中一个或多个税种的纳税义务时，应按照税务机关核定的纳税期限，如实填写并报送《财产和行为税纳税申报表》，该申报表如表 8-2 所示。

表 8-2 财产和行为税纳税申报表

纳税人识别号（统一社会信用代码）：

纳税人名称： 金额单位：元（列至角、分）

| 序号 | 税种 | 税目 | 税款所属期起 | 税款所属期止 | 计税依据 | 税率 | 应纳税额 | 减免税额 | 已缴税额 | 应补（退）税额 |
|------|------|------|------|------|------|------|------|------|------|------|
| 1 | | | | | | | | | | |
| 2 | | | | | | | | | | |
| 3 | | | | | | | | | | |
| 4 | | | | | | | | | | |
| 5 | | | | | | | | | | |
| 6 | | | | | | | | | | |
| 7 | | | | | | | | | | |
| 8 | | | | | | | | | | |
| 9 | | | | | | | | | | |
| 10 | | | | | | | | | | |
| 11 | 合计 | — | — | — | — | — | | | | |

声明：此表是根据国家税收法律法规及相关规定填写的，本人（单位）对填报内容（及附带资料）的真实性、可靠性、完整性负责。

纳税人（签章）： 年 月 日

经办人：

经办人身份证号：

代理机构签章：

代理机构统一社会信用代码：

受理人：

受理税务机关（章）：

受理日期： 年 月 日

## 任务二 解读房产税法规

### 一、认识房产税

房产税是以房屋为征税对象，依据房产计税价值或房产租金收入向产权所有人征收的一种税。

#### （一）房产税的征税范围

房产税的征税对象是房屋。征税范围为在城市、县城、建制镇和工矿区的房屋。房产税的征税范围不包括农村的房屋。

### 房产和房屋

房产是以房屋形态表现的财产。房屋是指有屋面和围护结构（有墙或两边有柱），能够遮风避雨，可供人们在其中生产、工作、学习、娱乐、居住或储藏物资的场所。独立于房屋之外的建筑物，如围墙、烟囱、水塔、变电塔、油池油柜、酒窖菜窖、酒精池、糖蜜池、室外游泳池、玻璃暖房、砖瓦石灰窑以及各种油气罐等，不属于房产。

### （二）房产税的纳税人

房产税由产权所有人缴纳。产权属于国家所有的，由经营管理的单位缴纳。产权出典的，由承典人缴纳。产权所有人、承典人不在房产所在地的，或者产权未确定及租典纠纷未解决的，由房产代管人或者使用人缴纳。

### （三）房产税的税率

我国现行房产税采用的是比例税率。依照房产余值计算缴纳的，税率为1.2%；依照房产租金收入计算缴纳的，税率为12%。

### （四）房产税的税收优惠

目前，房产税的税收优惠政策主要有以下情形。

（1）国家机关、人民团体、军队自用的房产免征房产税。

（2）由国家财政部门拨付事业经费的单位所有的，本身业务范围内使用的房产免征房产税。

（3）宗教寺庙、公园、名胜古迹自用的房产免征房产税。

（4）个人所有非营业用的房产免征房产税。

（5）经财政部批准免税的其他房产。

## 二、计算房产税

### （一）计税依据

房产税的计税依据是房产的余值或房产的租金收入。房产的余值是房产的原值一次性减除10%～30%后的剩余价值，各地扣除比例由当地省、自治区、直辖市人民政府确定；房产出租的，以房产租金收入为房产税的计税依据。

**相关链接**

对依照房产原值计税的房产，不论是否记载在会计账簿固定资产科目中，均应按照房屋原价计算缴纳房产税。房屋原价应根据国家有关会计制度规定进行核算。对纳税人未按国家会计制度规定核算并记载的，应按规定予以调整或重新评估。

### （二）应纳税额的计算

房产税分从价计征和从租计征两种形式。按照房产余值计征的，称为从价计征；按照房产租金收入计征的，称为从租计征。

（1）从价计征。从价计征是指按房产的原值减除一定比例后的余值计征，计算公式如下。

$$应纳税额＝应税房产原值×（1－扣除比例）×1.2\%$$

【例 8-2】甲公司为增值税一般纳税人，2023 年度自有生产用房原值 8 000 万元。

**已知：**房产税税率为 1.2%，当地政府规定的房产原值扣除比例为 30%。

**要求：**计算甲公司 2023 年度该房产应缴纳的房产税税额。

**解析：**应缴纳的房产税税额＝8 000×（1－30%）×1.2%＝67.2（万元）

（2）从租计征。从租计征是指按房产的租金收入计征，计算公式如下。

$$应纳税额＝租金收入×12\%$$

【例 8-3】甲公司为增值税一般纳税人，2023 年度将一间闲置仓库出租，收取不含增值税的租金收入 120 000 元。

**已知：**房产税税率为 12%。

**要求：**计算甲公司出租该房产应缴纳的房产税税额。

**解析：**应缴纳的房产税税额＝120 000×12%＝14 400（元）

## 三、征收管理房产税

### （一）房产税的纳税义务发生时间

（1）纳税人将原有房产用于生产经营，从生产经营之月起，缴纳房产税。

（2）纳税人自行新建房屋用于生产经营，从建成之次月起，缴纳房产税。

（3）纳税人委托施工企业建设的房屋，从办理验收手续之次月起，缴纳房产税。

（4）纳税人购置新建商品房，自房屋交付使用之次月起，缴纳房产税。

（5）纳税人购置存量房，自办理房屋权属转移、变更登记手续，房地产权属登记机关签发房屋权属证书之次月起，缴纳房产税。

（6）纳税人出租、出借房产，自交付出租、出借房产之次月起，缴纳房产税。

（7）房地产开发企业自用、出租、出借本企业建造的商品房，自房屋使用或交付之次月起，缴纳房产税。

> **试一试**
>
> 甲建筑公司将新建办公楼用于生产经营。办公楼于 2023 年 10 月建成，2023 年 12 月投入使用。甲建筑公司该办公楼房产税的纳税义务发生时间为（　　　）。
>
> A. 2023 年 10 月　　　　　　B. 2023 年 11 月
>
> C. 2023 年 12 月　　　　　　D. 2024 年 1 月

### （二）房产税的纳税期限

房产税实行按年计算、分期缴纳的征收方法，具体纳税期限由省、自治区、直辖市人民政府确定。

### （三）房产税的纳税地点

房产税在房产所在地缴纳。房产不在同一地方的纳税人，应按房产的坐落地点分别向房产所在地的税务机关申报纳税。

## 任务三　解读车船税法规

## 一、认识车船税

车船税是对在中华人民共和国境内车船管理部门登记的车辆、船舶（以下简称"车船"）依法征收的一种税。

### （一）车船税的征税范围

车船税的征税范围为在中华人民共和国境内属于《中华人民共和国车船税法》（以下简称《车船税法》）所规定的应税车辆和船舶。车辆包括乘用车、商用车、挂车、其他车辆、摩托车；船舶包括机动船舶和游艇。

**车辆和船舶**

《车船税法》规定的车辆和船舶包括依法应当在车船登记管理部门登记的机动车辆和船舶、依法不需要在车船登记管理部门登记的在单位内部场所行驶或者作业的机动车辆和船舶。

## （二）车船税的纳税人

车船税的纳税人是指在中华人民共和国境内属于《车船税法》所附"车船税税目税额表"规定的车辆、船舶的所有人或者管理人。

从事机动车第三者责任强制保险业务的保险机构为机动车车船税的扣缴义务人。

## （三）车船税的税目与税率

车船税的税目有 6 大类，包括乘用车、商用车、挂车、其他车辆、摩托车和船舶。车船税采用幅度定额税率，具体如表 8-3 所示。

表 8-3　车船税税目税额表

| 税目 | | 计税单位 | 年基准税额/元 | 备注 |
|---|---|---|---|---|
| 乘用车[按发动机气缸容量（排气量）分档] | ≤1.0L 的 | 每辆 | 60～360 | 核定载客人数 9 人（含）以下 |
| | 1.0L～1.6L（含）的 | | 300～540 | |
| | 1.6L～2.0L（含）的 | | 360～660 | |
| | 2.0L～2.5L（含）的 | | 660～1 200 | |
| | 2.5L～3.0L（含）的 | | 1 200～2 400 | |
| | 3.0L～4.0L（含）的 | | 2 400～3 600 | |
| | >4.0L 的 | | 3 600～5 400 | |
| 商用车 | 客车 | 每辆 | 480～1 440 | 核定载客人数9人以上（包括电车） |

续表

| 税目 | | 计税单位 | 年基准税额/元 | 备注 |
|---|---|---|---|---|
| 商用车 | 货车 | 整备质量 每吨 | 16～120 | 包括半挂牵引车、三轮汽车和低速载货汽车等 |
| 挂车 | — | 整备质量 每吨 | 按照货车税额的 50%计算 | — |
| 其他车辆 | 专用作业车 | 整备质量 每吨 | 16～120 | 不包括拖拉机 |
| | 轮式专用机械车 | | 16～120 | |
| 摩托车 | — | 每辆 | 36～180 | |
| 船舶 | 机动船舶 | 净吨位 每吨 | 3～6 | 拖船、非机动驳船分别按照机动船舶税额的50%计算 |
| | 游艇 | 艇身长度 每米 | 600～2 000 | |

### （四）车船税的税收优惠

下列车船免征车船税。

（1）捕捞、养殖渔船。

（2）军队、武装警察部队专用的车船。

（3）警用车船。

（4）悬挂应急救援专用号牌的国家综合性消防救援车辆和国家综合性消防救援专用船舶。

（5）依照法律规定应当予以免税的外国驻华使领馆、国际组织驻华代表机构及其有关人员的车船。

## 👤 二、计算车船税

### （一）计税依据

（1）乘用车、商用客车和摩托车，以辆数为计税依据。

（2）商用货车、专用作业车和轮式专用机械车，以整备质量吨位数为计税依据。

（3）机动船舶、非机动驳船、拖船，以净吨位数为计税依据。

（4）游艇，以艇身长度为计税依据。

## （二）应纳税额的计算

车船税应纳税额的计算公式如下。

（1）乘用车、商用客车和摩托车。

$$应纳税额=辆数×适用年基准税额$$

（2）商用货车、挂车、专用作业车和轮式专用机械车。

$$应纳税额=整备质量吨位数×适用年基准税额$$

（3）机动船舶。

$$应纳税额=净吨位数×适用年基准税额$$

（4）拖船和非机动驳船。

$$应纳税额=净吨位数×适用年基准税额×50\%$$

（5）游艇。

$$应纳税额=艇身长度×适用年基准税额$$

（6）购置的新车船，购置当年的应纳税额自纳税义务发生的当月起按月计算。

$$应纳税额=适用年基准税额÷12×应纳税月份数$$

【例 8-4】甲公司于 2023 年 3 月 12 日购买 1 辆发动机气缸容量为 1.6 升的乘用车。

**已知：** 车船税适用年基准税额为 480 元。

**要求：** 计算甲公司该乘用车 2023 年度应缴纳的车船税税额。

**解析：** 应缴纳的车船税税额=480÷12×10=400（元）

# 三、征收管理车船税

## （一）车船税的纳税义务发生时间

车船税的纳税义务发生时间为取得车船所有权或者管理权的当月。

## （二）车船税的纳税期限

车船税按年申报，分月计算，一次性缴纳。纳税年度，自公历 1 月 1 日起至 12 月 31 日止。具体申报纳税期限由省、自治区、直辖市人民政府确定。

## （三）车船税的纳税地点

车船税的纳税地点为车船的登记地或者车船税扣缴义务人所在地。依法不需要办理登记的车船，车船税的纳税地点为车船的所有人或者管理人所在地。

## 任务四 解读印花税法规

### 一、认识印花税

印花税是对经济活动和经济交往中书立、领受、使用应税经济凭证的单位和个人征收的一种税。因纳税人主要是通过在应税凭证上粘贴印花税票来完成纳税义务，故该税种被命名为印花税。

> **名词点击**
>
> **印花税票**
>
> 印花税票是缴纳印花税的完税凭证，由国家税务总局负责监制。其票面金额以人民币为单位，分为壹角、贰角、伍角、壹元、贰元、伍元、拾元、伍拾元、壹佰元9种。印花税票为有价证券，一套9枚，每年发行主题不一。2021年印花税票以"中国共产党领导下的税收事业发展"为题材，2020年印花税票以"税收助力决胜全面小康"为题材，2019年印花税票以"丝路远望"为题材，2018年印花税票以"红色税收记忆"为题材，2017年印花税票以"明清榷关"为题材。

#### （一）印花税的征税范围

现行印花税采用正列举形式，只对法律规定中列举的凭证征收，没有列举的凭证不征收印花税。列举的凭证分为4类，即合同类、产权转移书据类、营业账簿类和证券交易类。

（1）合同，包括买卖合同、借款合同、融资租赁合同、租赁合同、承揽合同、建设工程合同、运输合同、技术合同、保管合同、仓储合同、财产保险合同。

（2）产权转移书据，包括土地使用权出让书据，土地使用权转让书据，房屋等建筑物、构筑物所有权转让书据，股权转让书据（不包括应缴纳证券交易印花税的），商标专用权、著作权、专利权、专有技术使用权转让书据。

（3）营业账簿，按照营业账簿反映的内容不同，在税目中分为记载资金的账簿（简称"资金账簿"）和其他营业账簿两类，对记载资金的营业账簿征收印花税，对其他营业账簿不征收印花税。

（4）证券交易，指在依法设立的证券交易所上市交易或者国务院批准的其他证券交易场所转让公司股票和以股票为基础发行的存托凭证。证券交易印花税对证券交易的出让方征收，不对受让方征收。

## （二）印花税的纳税人

根据书立、领受、使用应税凭证的不同，印花税纳税人可分为立合同人、立账簿人、立据人、使用人等。

（1）立合同人，指合同的当事人，即对凭证有直接权利义务关系的单位和个人，但不包括合同的担保人、证人、鉴定人。

（2）立账簿人，指开立并使用营业账簿的单位和个人。

（3）立据人，指书立产权转移书据的单位和个人。

（4）使用人，指在国外书立、领受，但在国内使用应税凭证的单位和个人。

---

**试一试**

根据印花税法律制度的规定，下列关于印花税纳税人的表述中，正确的有（　　　）。

A. 营业账簿以立账簿人为纳税人

B. 产权转移书据以立据人为纳税人

C. 建筑合同以立合同人为纳税人

D. 借款合同以担保人为纳税人

---

## （三）印花税的税率

印花税实行比例税率，共 5 个档次，分别为 0.5‰、2.5‰、3‰、5‰和 1‰，具体如表 8-4 所示。

表 8-4　印花税税目税率表

| 税目 | | 税率 | 备注 |
| --- | --- | --- | --- |
| 合同 | 买卖合同 | 价款的 3‰ | 指动产买卖合同 |
| | 借款合同 | 借款金额的 0.5‰ | 指银行业金融机构和借款人（不包括银行同业拆借）订立的借款合同 |

续表

| 税目 | | 税率 | 备注 |
|---|---|---|---|
| 合同 | 融资租赁合同 | 租金的 0.5‰ | — |
| | 租赁合同 | 租金的 1‰ | — |
| | 承揽合同 | 报酬的 3‰ | — |
| | 建设工程合同 | 价款的 3‰ | — |
| | 运输合同 | 运输费用的 3‰ | 指货运合同或多式联运合同（不包括管道运输合同） |
| | 技术合同 | 价款、报酬或者使用费的 3‰ | — |
| | 保管合同 | 保管费的 1‰ | — |
| | 仓储合同 | 仓储费的 1‰ | — |
| | 财产保险合同 | 保险费的 1‰ | 不包括再保险合同 |
| 产权转移书据 | 土地使用权出让书据，土地使用权转让书据，房屋等建筑物、构筑物所有权转让书据，股权转让书据（不包括应缴纳证券交易印花税的） | 价款的 5‰ | — |
| | 商标专用权、著作权、专利权、专有技术使用权转让书据 | 价款的 3‰ | — |
| 营业账簿 | | 实收资本（股本）和资本公积合计金额的 2.5‰ | — |
| 证券交易 | | 成交金额的 1‰ | — |

### （四）印花税的税收优惠

下列凭证免征印花税。

（1）应税凭证的副本或者抄本。

（2）依照法律规定应当予以免税的外国驻华使馆、领事馆和国际组织驻华代表机构为获得馆舍书立的应税凭证。

（3）中国人民解放军、中国人民武装警察部队书立的应税凭证。

（4）农民、家庭农场、农民专业合作社、农村集体经济组织、村民委员会购买农业生产资料或者销售农产品书立的买卖合同和农业保险合同。

（5）无息或者贴息借款合同、国际金融组织向中国提供优惠贷款书立的借款合同。

（6）财产所有权人将财产赠与政府、学校、社会福利机构、慈善组织书立的产权转移书据。

（7）非营利性医疗卫生机构采购药品或者卫生材料书立的买卖合同。

（8）个人与电子商务经营者订立的电子订单。

## 二、计算印花税

### （一）计税依据

印花税的计税依据，按照下列方法确定。

（1）应税合同的计税依据，为合同所列的金额，不包括列明的增值税税款。

（2）应税产权转移书据的计税依据，为产权转移书据所列的金额，不包括列明的增值税税款。

（3）应税营业账簿的计税依据，为账簿记载的实收资本（股本）、资本公积合计金额。

（4）证券交易的计税依据，为成交金额。

### （二）应纳税额的计算

印花税应纳税额的计算公式如下。

（1）应税合同。

$$应纳税额＝价款或者报酬×适用比例税率$$

（2）应税产权转移书据。

$$应纳税额＝价款×适用比例税率$$

（3）应税营业账簿。

$$应纳税额＝实收资本（股本）、资本公积合计金额×适用比例税率$$

（4）证券交易。

$$应纳税额＝成交金额或依法确定的计税依据×适用比例税率$$

【例8-5】甲运输公司为增值税一般纳税人，2023年12月与乙公司签订运输合同，合同所列不含增值税的运输费50万元。

**已知：** 运输合同印花税税率为3‰。

**要求：** 计算甲运输公司该运输合同应缴纳的印花税税额。

**解析：** 应缴纳的印花税税额＝500 000×3‰＝150（元）

## 三、征收管理印花税

### （一）印花税的纳税义务发生时间

印花税的纳税义务发生时间为纳税人书立、领受应税凭证或者完成证券交易的当日。

证券交易印花税扣缴义务发生时间为证券交易完成的当日。

### （二）印花税的纳税期限

印花税按季、按年或者按次计征。实行按季、按年计征的，纳税人应当自季度、年度终了之日起 15 日内申报并缴纳税款。实行按次计征的，纳税人应当自纳税义务发生之日起 15 日内申报并缴纳税款。

证券交易印花税按周解缴。证券交易印花税扣缴义务人应当自每周终了之日起 5 日内申报解缴税款以及银行结算的利息。

### （三）印花税的纳税地点

单位纳税人应当向其机构所在地的主管税务机关申报缴纳印花税；个人纳税人应当向应税凭证书立、领受地或者居住地的主管税务机关申报缴纳印花税。

纳税人出让或者转让不动产产权的，应当向不动产所在地的主管税务机关申报缴纳印花税。

证券交易印花税扣缴义务人应当向其机构所在地的主管税务机关申报解缴税款以及银行结算的利息。

### （四）印花税的缴纳方式

印花税可以采用粘贴印花税票或者由税务机关依法开具其他完税凭证的方式缴纳。印花税票粘贴在应税凭证上的，由纳税人在每枚税票的骑缝处盖戳注销或者画销。

## 任务五　解读耕地占用税法规

## 一、认识耕地占用税

耕地占用税是为了合理利用土地资源，加强土地管理，保护耕地，对占用耕地建设建筑物、构筑物或者从事非农业建设的单位和个人征收的一种税。

> **议一议**
>
> 2020 年 6 月 25 日是第三十个全国"土地日"，主题是"节约集约用地 严守耕地红线"。耕地是人类获取粮食的重要基地，维护耕地数量与质量，对农业可持续发展至关重要。"十分珍惜和合理利用每一寸土地，切实保护耕地"是必须长期坚持的一项基本国策。
>
> 议一议青年学生该如何为保护耕地做点力所能及的事情。

## （一）耕地占用税的征税范围

耕地占用税的征税范围包括纳税人为建设建筑物、构筑物或者从事非农业建设而占用的国家所有和集体所有的耕地。

## （二）耕地占用税的纳税人

在中华人民共和国境内占用耕地建设建筑物、构筑物或者从事非农业建设的单位和个人，为耕地占用税的纳税人。

## （三）耕地占用税的税率

耕地占用税实行定额税率，具体如表 8-5 所示。

**表 8-5　耕地占用税税率表**

| 级次 | 地区 | 税额/（元/每平方米） |
|---|---|---|
| 1 | 人均耕地不超过 1 亩（含 1 亩，1 亩≈666.67 平方米）的 | 10～50 |
| 2 | 人均耕地超过 1 亩但不超过 2 亩（含 2 亩）的 | 8～40 |
| 3 | 人均耕地超过 2 亩但不超过 3 亩（含 3 亩）的 | 6～30 |
| 4 | 人均耕地超过 3 亩的 | 5～25 |

## （四）耕地占用税的税收优惠

下列情形可以减征或免征耕地占用税。

（1）军事设施、学校、幼儿园、社会福利机构、医疗机构占用耕地免征耕地占用税。

（2）铁路线路、公路线路、飞机场跑道、停机坪、港口、航道、水利工程占用耕地，减按每平方米 2 元的税额征收耕地占用税。

（3）农村居民在规定用地标准以内占用耕地新建自用住宅，按照当地适用税率减半征收耕地占用税；其中农村居民经批准搬迁，新建自用住宅占用耕地不超过原宅基地面积的部分，免征耕地占用税。

（4）农村烈士遗属、因公牺牲军人遗属、残疾军人以及符合农村最低生活保障条件的农村居民，在规定用地标准以内新建自用住宅，免征耕地占用税。

## 二、计算耕地占用税

### （一）计税依据

耕地占用税以纳税人实际占用的耕地面积为计税依据，按应税土地当地适用税额计税，实行一次性征收。实际占用的耕地面积包括经批准占用的耕地面积和未经批准占用的耕地面积。

### （二）应纳税额的计算

耕地占用税应纳税额的计算公式如下。

$$应纳税额=实际占用耕地面积（平方米）×适用税率$$

【例 8-6】甲公司为增值税一般纳税人，2023 年 12 月经批准占用市郊区耕地 60 000 平方米用于建设新厂房。

**已知**：适用耕地占用税税率为 40 元/平方米。

**要求**：计算甲公司应缴纳的耕地占用税税额。

**解析**：应缴纳的耕地占用税税额=60 000×40=2 400 000（元）

## 三、征收管理耕地占用税

### （一）耕地占用税的纳税义务发生时间

耕地占用税的纳税义务发生时间为纳税人收到自然资源主管部门办理占用农用地手续书面通知的当日。纳税人应当自纳税义务发生之日起 30 日内申报缴纳耕地占用税。

未经批准占用耕地的，耕地占用税纳税义务发生时间为自然资源主管部门认定的纳税人实际占用耕地的当日。

### （二）耕地占用税的纳税期限

耕地占用税按照"先缴税后用地"的原则一次性征收。

## （三）耕地占用税的纳税地点

耕地占用税由耕地所在地税务机关负责征收。

---

## 任务六 解读资源税法规

### 一、认识资源税

资源税是对在中华人民共和国领域和中华人民共和国管辖的其他海域开发应税资源的单位和个人征收的一种税。

#### （一）资源税的征税范围

现行资源税的征税范围是在中国境内开采的应税矿产品和生产的盐两大类。具体包括以下几种。

（1）能源矿产，包括原油，天然气、页岩气、天然气水合物，煤，煤成（层）气，铀、钍，油页岩、油砂、天然沥青、石煤，地热。

（2）金属矿产，包括黑色金属和有色金属。

（3）非金属矿产，包括矿物类、岩石类和宝玉石类。

（4）水气矿产，包括二氧化碳气、硫化氢气、氦气、氡气和矿泉水。

（5）盐类，包括钠盐、钾盐、镁盐、锂盐，天然卤水和海盐。

（6）自用应税产品，纳税人开采或者生产应税产品自用的，应当按规定缴纳资源税；但自用于连续生产应税产品的，不缴纳资源税。纳税人自用应税产品应当缴纳资源税的情形，包括纳税人以应税产品用于非货币性资产交换、捐赠、偿债、赞助、集资、投资、广告、样品、职工福利、利润分配或者连续生产非应税产品等。

> **试一试**
>
> 根据资源税法律制度的规定，下列各项中，不属于资源税征税范围的是（　　）。
>
> A. 原油　　　　B. 汽油　　　　C. 矿泉水　　　　D. 天然卤水

#### （二）资源税的纳税人

资源税的纳税人是指在中华人民共和国领域和中华人民共和国管辖的其他海域开发应税资源的单位和个人。

### （三）资源税的税率

资源税采用比例税率和定额税率两种形式，具体如表 8-6 所示。

表 8-6 资源税税目税率表

| 税目 | | | 征税对象 | 税率 |
|---|---|---|---|---|
| 一、能源矿产 | | 原油 | 原矿 | 6% |
| | | 天然气、页岩气、天然气水合物 | 原矿 | 6% |
| | | 煤 | 原矿或者选矿 | 2%～10% |
| | | 煤成（层）气 | 原矿 | 1%～2% |
| | | 铀、钍 | 原矿 | 4% |
| | | 油页岩、油砂、天然沥青、石煤 | 原矿或者选矿 | 1%～4% |
| | | 地热 | 原矿 | 1%～20%或每平方米1～30元 |
| 二、金属矿产 | 黑色金属 | 铁、锰、铬、钒、钛 | 原矿或者选矿 | 1%～9% |
| | 有色金属 | 铜、铅、锌、锡、镍、锑、镁、钴、铋、汞 | 原矿或者选矿 | 2%～10% |
| | | 铝土矿 | 原矿或者选矿 | 2%～9% |
| | | 钨 | 选矿 | 6.5% |
| | | 钼 | 选矿 | 8% |
| | | 金、银 | 原矿或者选矿 | 2%～6% |
| | | 铂、钯、钌、锇、铱、铑 | 原矿或者选矿 | 5%～10% |
| | | 轻稀土 | 选矿 | 7%～12% |
| | | 中重稀土 | 选矿 | 20% |
| | | 铍、锂、锆、锶、铷、铯、铌、钽、锗、镓、铟、铊、铪、铼、镉、硒、碲 | 原矿或者选矿 | 2%～10% |
| 三、非金属矿产 | 矿物类 | 高岭土 | 原矿或者选矿 | 1%～6% |
| | | 石灰岩 | 原矿或者选矿 | 1%～6%或者每吨（或者每立方米）1～10元 |

| 税目 | | 征税对象 | 税率 |
|---|---|---|---|
| 三、非金属矿产 | 磷 | 原矿或者选矿 | 3%～8% |
| | 石墨 | 原矿或者选矿 | 3%～12% |
| | 萤石、硫铁矿、自然硫 | 原矿或者选矿 | 1%～8% |
| | 矿物类 天然石英砂、脉石英、粉石英、水晶、工业用金刚石、冰洲石、蓝晶石、硅线石（矽线石）、长石、滑石、刚玉、菱镁矿、颜料矿物、天然碱、芒硝、钠硝石、明矾石、砷、硼、碘、溴、膨润土、硅藻土、陶瓷土、耐火黏土、铁矾土、凹凸棒石黏土、海泡石黏土、伊利石黏土、累托石黏土 | 原矿或者选矿 | 1%～12% |
| | 叶蜡石、硅灰石、透辉石、珍珠岩、云母、沸石、重晶石、毒重石、方解石、蛭石、透闪石、工业用电气石、白垩、石棉、蓝石棉、红柱石、石榴子石、石膏 | 原矿或者选矿 | 2%～12% |
| | 其他黏土（铸型用黏土、砖瓦用黏土、陶粒用黏土、水泥配料用红土、水泥配料用黄土、水泥配料用泥岩、保温材料用黏土） | 原矿或者选矿 | 1%～5%或者每吨（或者每立方米）0.1～5元 |
| | 岩石类 大理岩、花岗岩、白云岩、石英岩、砂岩、辉绿岩、安山岩、闪长岩、板岩、玄武岩、片麻岩、角闪岩、页岩、浮石、凝灰岩、黑曜岩、霞石正长岩、蛇纹岩、麦饭石、泥灰岩、含钾岩石、含钾砂页岩、天然油石、橄榄岩、松脂岩、粗面岩、辉石岩、正长岩、火山灰、火山渣、泥炭 | 原矿或者选矿 | 1%～10% |

165

续表

| 税目 | | | 征税对象 | 税率 |
|---|---|---|---|---|
| 三、非金属矿产 | 岩石类 | 砂石 | 原矿或者选矿 | 1%～5%或者每吨（或者每立方米）0.1～5 元 |
| | 宝玉石类 | 宝石、玉石、宝石级金刚石、玛瑙、黄玉、碧玺 | 原矿或者选矿 | 4%～20% |
| 四、水气矿产 | 二氧化碳气、硫化氢气、氦气、氖气 | | 原矿 | 2%～5% |
| | 矿泉水 | | 原矿 | 1%～20%或者每立方米 1～30 元 |
| 五、盐 | 钠盐、钾盐、镁盐、锂盐 | | 选矿 | 3%～15% |
| | 天然卤水 | | 原矿 | 3%～15%或者每吨（或者每立方米）1～10 元 |
| | 海盐 | | | 2%～5% |

### （四）资源税的税收优惠

（1）有下列情形之一的，免征资源税。

① 开采原油以及在油田范围内运输原油过程中用于加热的原油、天然气。

② 煤炭开采企业因安全生产需要抽采的煤成（层）气。

（2）有下列情形之一的，减征资源税。

① 从低丰度油气田开采的原油、天然气，减征 20%资源税。

② 高含硫天然气、三次采油和从深水油气田开采的原油、天然气，减征 30%资源税。

③ 稠油、高凝油减征 40%资源税。

④ 从衰竭期矿山开采的矿产品，减征 30%资源税。

## 👤 二、计算资源税

### （一）计税依据

资源税按照"资源税税目税率表"实行从价计征或者从量计征。从价计征的计税依据为纳税人开采或生产应税产品的销售额；从量计征的计税依据为纳税人开采或生产应税产品的销售数量。

（1）销售额。销售额为按照纳税人销售应税产品向购买方收取的全部价款，不包括增值税税款。

纳税人申报的应税产品销售额明显偏低且无正当理由的，或者有自用应税产品行为而无销售额的，主管税务机关可以按下列方法和顺序确定其应税产品销售额。

① 按纳税人最近时期同类产品的平均销售价格确定。

② 按其他纳税人最近时期同类产品的平均销售价格确定。

③ 按后续加工非应税产品销售价格，减去后续加工环节的成本利润后确定。

④ 按应税产品组成计税价格确定。

组成计税价格=成本×（1+成本利润率）÷（1-资源税税率）

上述公式中的成本利润率由省、自治区、直辖市税务机关确定。

（2）销售数量。销售数量包括纳税人开采或者生产应税产品的实际销售数量和自用于应当缴纳资源税情形的应税产品数量。

## （二）应纳税额的计算

资源税的应纳税额，按照从价定率或者从量定额的办法，计算公式如下。

$$应纳税额=销售额×比例税率$$

或

$$应纳税额=销售数量×定额税率$$

【例 8-7】甲矿山为增值税一般纳税人，2023 年 12 月销售大理岩原矿取得含增值税销售额 339 万元。

**已知**：当地大理岩原矿适用资源税税率为 5%，增值税税率为 13%。

**要求**：计算甲矿山当月应缴纳的资源税税额。

**解析**：应缴纳的资源税税额=339÷（1+13%）×5%=15（万元）

# 三、征收管理资源税

## （一）资源税的纳税义务发生时间

纳税人销售应税产品的，纳税义务发生时间为收讫销售款或者取得索取销售款凭据的当日；纳税人自产自用应税产品的，纳税义务发生时间为移送应税产品的当日。

## （二）资源税的纳税期限

资源税按月或者按季申报缴纳；不能按固定期限计算缴纳的，可以按次申报缴纳。

纳税人按月或者按季申报缴纳的,应当自月度或者季度终了之日起 15 日内,向税务机关办理纳税申报并缴纳税款;按次申报缴纳的,应当自纳税义务发生之日起 15 日内,向税务机关办理纳税申报并缴纳税款。

### （三）资源税的纳税地点

纳税人应当在矿产品的开采地或者海盐的生产地缴纳资源税。

## 任务七 解读土地增值税法规

### 一、认识土地增值税

土地增值税是对转让国有土地使用权、地上建筑物及其附着物（简称"转让房地产"）并取得收入的单位和个人,就其转让房地产所取得的增值额征收的一种税。

#### （一）土地增值税的征税范围

凡转让国有土地使用权、地上建筑物及其附着物并取得收入的行为,都属于土地增值税的征税范围。

> **相关链接**
>
> （1）土地增值税只对转让国有土地使用权的行为征税,对出让国有土地使用权的行为不征税。
>
> （2）土地增值税既对转让土地使用权的行为征税,也对转让地上建筑物及其附着物产权的行为征税。
>
> （3）土地增值税只对有偿转让的房地产征税,对以继承、赠与等方式无偿转让的房地产,不予征税。

#### （二）土地增值税的纳税人

转让国有土地使用权、地上建筑物及其附着物并取得收入的单位和个人,为土地增值税的纳税人。

#### （三）土地增值税的税率

土地增值税采用四级超率累进税率,具体如表8-7所示。

表 8-7　土地增值税四级超率累进税率表

| 级数 | 增值额与扣除项目金额的比例 | 税率/% | 速算扣除系数/% |
|---|---|---|---|
| 1 | 不超过 50% 的部分（含 50%） | 30 | 0 |
| 2 | 超过 50%～100% 的部分（含 100%） | 40 | 5 |
| 3 | 超过 100%～200% 的部分（含 200%） | 50 | 15 |
| 4 | 超过 200% 的部分 | 60 | 35 |

### （四）土地增值税的税收优惠

有下列情形之一的，免征土地增值税。

（1）纳税人建造普通标准住宅出售，增值额未超过扣除项目金额 20% 的。

（2）因国家建设需要依法征收、收回的房地产。

（3）自 2008 年 11 月 1 日起，对居民个人转让住房一律征土地增值税。

## 二、计算土地增值税

### （一）计税依据

土地增值税的计税依据是纳税人转让房地产所取得的增值额，即纳税人转让房地产取得的应税收入减除法定的扣除项目金额后的余额，计算公式如下。

增值额＝转让房地产所取得的应税收入－法定扣除项目金额

（1）转让房地产所取得的应税收入的确定。纳税人转让房地产取得的不含增值税的收入，包括货币收入、实物收入和其他收入。

（2）扣除项目的确定。准予纳税人从转让收入额减除的扣除项目包括以下 6 项：

① 取得土地使用权所支付的金额；

② 房地产开发成本；

③ 房地产开发费用；

④ 旧房及建筑物的评估价格；

⑤ 与转让房地产有关的税金；

⑥ 加计扣除金额，即对从事房地产开发的纳税人可按取得土地使用权所支付的金额和房地产开发成本的金额之和，加计 20% 扣除。

## （二）应纳税额的计算

计算土地增值税税额，可按增值额乘以适用的税率减去扣除项目金额乘以速算扣除系数的简便方法计算，具体公式有以下 4 个。

（1）增值额未超过扣除项目金额 50%的，计算公式如下。

$$土地增值税税额=增值额×30\%$$

（2）增值额超过扣除项目金额 50%，未超过 100%的，计算公式如下。

$$土地增值税税额=增值额×40\%-扣除项目金额×5\%$$

（3）增值额超过扣除项目金额 100%，未超过 200%的，计算公式如下。

$$土地增值税税额=增值额×50\%-扣除项目金额×15\%$$

（4）增值额超过扣除项目金额 200%的，计算公式如下。

$$土地增值税税额=增值额×60\%-扣除项目金额×35\%$$

【例 8-8】甲公司于 2023 年 12 月销售自行开发的房地产项目，取得不含增值税收入 8 000 万元，准予从收入中减除的扣除项目金额为 5 000 万元。

**已知**：适用土地增值税税率为 40%，速算扣除系数为 5%。

**要求**：计算甲公司该业务应缴纳的土地增值税税额。

**解析**：应缴纳的土地增值税税额=（8 000-5 000）×40%-5 000×5%=950（万元）

## 三、征收管理土地增值税

### （一）土地增值税的纳税期限

纳税人应当自转让房地产合同签订之日起 7 日内向房地产所在地主管税务机关办理纳税申报，并在税务机关核定的期限内缴纳土地增值税。

### （二）土地增值税的纳税地点

土地增值税纳税人发生应税行为应向房地产所在地主管税务机关缴纳土地增值税。

## 任务八　解读契税法规

## 一、认识契税

契税是指国家在土地、房屋权属转移时，按照当事人双方签订的合同（契约）以及所确定价格的一定比例，向权属承受人征收的一种税。

## （一）契税的征税范围

契税以在我国境内转移土地、房屋权属的行为作为征税对象。土地、房屋权属未发生转移的，不征收契税。具体包括以下内容。

（1）国有土地使用权出让，是指土地使用者向国家交付土地使用权出让费用，国家将国有土地使用权在一定年限内让与土地使用者的行为。

（2）土地使用权转让，是指土地使用者以出售、赠与、互换或者其他方式将土地使用权转移给其他单位和个人的行为。

（3）房屋买卖，是指房屋所有者将其房屋出售，由承受者交付货币、实物、无形资产或其他经济利益的行为。

（4）房屋赠与，是指房屋所有者将其房屋无偿转让给受让者的行为。

（5）房屋互换，是指房屋所有者之间相互交换房屋的行为。

除上述情形外，以作价投资（入股）、偿还债务、划转、奖励等方式转移土地、房屋权属的，应当征收契税。

### 议一议

张先生因为家庭增添人口，原来的两居室不够住了。于是和表哥商量，将自家两居室与表哥家三居室互换，张先生补给表哥 50 万元的差价。双方协商一致，去办理过户登记时，却被告知张先生需要缴纳契税。

议一议张先生是否需要缴纳契税。

## （二）契税的纳税人

在中华人民共和国境内转移土地、房屋权属的承受单位和个人为契税的纳税人。这里的"承受"，指以受让、购买、受赠、互换等方式取得土地、房屋权属的行为。

## （三）契税的税率

契税采用比例税率，并实行 3%～5% 的幅度税率。契税的具体适用税率由省、自治区、直辖市人民政府在规定的税率幅度内提出，报同级人民代表大会常务委员会决定，并报全国人民代表大会常务委员会和国务院备案。

## （四）契税的税收优惠

有下列情形之一的，免征契税。

（1）国家机关、事业单位、社会团体、军事单位承受土地、房屋权属用于办公、教学、医疗、科研、军事设施。

（2）非营利性的学校、医疗机构、社会福利机构承受土地、房屋权属用于办公、教学、医疗、科研、养老、救助。

（3）承受荒山、荒地、荒滩土地使用权用于农、林、牧、渔业生产。

（4）婚姻关系存续期间夫妻之间变更土地、房屋权属。

（5）法定继承人通过继承承受土地、房屋权属。

（6）依照法律规定应当予以免税的外国驻华使馆、领事馆和国际组织驻华代表机构承受土地、房屋权属。

## 二、计算契税

### （一）计税依据

按照土地、房屋权属转移的形式，定价方法的不同，契税的计税依据确定如下。

（1）土地使用权出让、出售，房屋买卖，以土地、房屋权属转移合同确定的成交价格为计税依据，其中包括承受者应交付的货币、实物或其他经济利益对应的价款。

（2）土地使用权互换、房屋互换，以所互换的土地使用权、房屋价格的差额为计税依据。

（3）土地使用权赠与、房屋赠与以及其他没有价格的转移土地、房屋权属行为，以税务机关参照土地使用权出售、房屋买卖的市场价格依法核定的价格作为计税依据。

### （二）应纳税额的计算

契税的应纳税额按照计税依据乘以具体适用税率计算。其计算公式如下。

$$应纳税额=计税依据×适用税率$$

【例8-9】2023年12月张某以不含增值税售价200万元销售自有住房一套，又以不含增值税价格300万元购进住房一套。

**已知：**适用契税税率为3%。

**要求：**计算张某上述行为应缴纳的契税税额。

**解析：**契税的纳税人为土地、房屋权属的承受人。张某出售的住房应由购买方缴纳契税；张某仅就其购进的住房缴纳契税。

张某应缴纳的契税税额=300×3%=9（万元）

## 三、征收管理契税

### （一）契税的纳税义务发生时间

契税的纳税义务发生时间，为纳税人签订土地、房屋权属转移合同的当日，或者纳税人取得其他具有土地、房屋权属转移合同性质凭证的当日。

### （二）契税的纳税期限

纳税人应当在依法办理土地、房屋权属登记手续前申报缴纳契税。

### （三）契税的纳税地点

契税实行属地征收管理。纳税人发生契税纳税义务时，应向土地、房屋所在地的税务机关申报纳税。

## 任务九　解读环境保护税法规

## 一、认识环境保护税

环境保护税是为了保护和改善环境，减少污染物排放，推进生态文明建设而征收的一种税。

### （一）环境保护税的征税范围

环境保护税的征收范围是《中华人民共和国环境保护法》所附《环境保护税税目税额表》《应税污染物和当量值表》规定的大气污染物、水污染物、固体废物和噪声等应税污染物。

### （二）环境保护税的纳税人

在中华人民共和国领域和中华人民共和国管辖的其他海域，直接向环境排放应税污染物的企业事业单位和其他生产经营者为环境保护税的纳税人。

---

**相关链接**

有下列情形之一的，不属于直接向环境排放污染物，不缴纳相应污染物的环境保护税。

（1）企业事业单位和其他生产经营者向依法设立的污水集中处理、生活垃圾集中处理场所排放应税污染物的。

---

（2）企业事业单位和其他生产经营者在符合国家和地方环境保护标准的设施、场所贮存或者处置固体废物的。

### （三）环境保护税的税率

环境保护税实行定额税率，具体如表8-8所示。

表8-8　环境保护税税目税额表

| 税目 | | 计税单位 | 税额 | 备注 |
|---|---|---|---|---|
| 大气污染物 | | 每污染当量 | 1.2～12元 | — |
| 水污染物 | | 每污染当量 | 1.4～14元 | — |
| 固体废物 | 煤矸石 | 每吨 | 5元 | — |
| | 尾矿 | 每吨 | 15元 | — |
| | 危险废物 | 每吨 | 1 000元 | — |
| | 冶炼渣、粉煤灰、炉渣、其他固体废物（含半固态、液态废物） | 每吨 | 25元 | — |
| 噪声 | 工业噪声 | 超标1～3分贝 | 每月350元 | 1. 一个单位边界上有多处噪声超标，根据最高一处超标声级计算应纳税额；当沿边界长度超过100米有两处以上噪声超标，按照两个单位计算应纳税额 2. 一个单位有不同地点作业场所的，应当分别计算应纳税额，合并计征 3. 昼、夜均超标的环境噪声，昼、夜分别计算应纳税额，累计计征 4. 声源一个月内超标不足15天的，减半计算应纳税额 5. 夜间频繁突发和夜间偶然突发厂界超标噪声，按等效声级和峰值噪声两种指标中超标分贝值高的一项计算应纳税额 |
| | | 超标4～6分贝 | 每月700元 | |
| | | 超标7～9分贝 | 每月1 400元 | |
| | | 超标10～12分贝 | 每月2 800元 | |
| | | 超标13～15分贝 | 每月5 600元 | |
| | | 超标16分贝以上 | 每月11 200元 | |

## （四）环境保护税的税收优惠

下列情形，暂予免征环境保护税。

（1）农业生产（不包括规模化养殖）排放应税污染物的。

（2）机动车、铁路机车、非道路移动机械、船舶和航空器等流动污染源排放应税污染物的。

（3）依法设立的城乡污水集中处理、生活垃圾集中处理场所排放相应应税污染物，不超过国家和地方规定的排放标准的。

（4）纳税人综合利用的固体废物，符合国家和地方环境保护标准的。

（5）国务院批准免税的其他情形。

# 二、计算环境保护税

## （一）计税依据

应税污染物的计税依据，按照下列方法确定。

（1）应税大气污染物按照污染物排放量折合的污染当量数确定。

（2）应税水污染物按照污染物排放量折合的污染当量数确定。

（3）应税固体废物按照固体废物的排放量确定。

（4）应税噪声按照超过国家规定标准的分贝数确定。

## （二）应纳税额的计算

环境保护税实行从量定额的办法计算应纳税额。应纳税额的计算公式如下。

（1）应税大气污染物。

$$应纳税额 = 污染当量数 \times 具体适用税额$$

（2）应税水污染物。

$$应纳税额 = 污染当量数 \times 具体适用税额$$

（3）应税固体废物。

$$应纳税额 = 固体废物排放量 \times 具体适用税额$$

（4）应税噪声。

$$应纳税额 = 超过国家规定标准的分贝数对应的具体适用税额$$

【例8-10】甲公司为增值税一般纳税人，2023年12月产生炉渣500吨，其中150吨贮存在符合国家和地方环境保护标准的场所中，100吨综合利用且符合国家相关规定，其余直接倒弃在周边空地。

已知：适用环境保护税税率为 25 元/吨。

**要求：** 计算甲公司当月应缴纳的环境保护税税额。

**解析：** 应税固体废物的计税依据为固体废物的排放量。应税固体废物的排放量为当期应税固体废物的产生量减去当期应税固体废物贮存量、处置量、综合利用量的余额。

应税炉渣排放量=500-150-100=250（吨）

应缴纳的环境保护税税额=250×25=6 250（元）

## 三、征收管理环境保护税

### （一）环境保护税的纳税义务发生时间

环境保护税的纳税义务发生时间为纳税人排放应税污染物的当日。

### （二）环境保护税的纳税期限

环境保护税按月计算，按季申报缴纳。不能按固定期限计算缴纳的，可以按次申报缴纳。

纳税人按季申报缴纳的，应当自季度终了之日起 15 日内，向税务机关办理纳税申报并缴纳税款。纳税人按次申报缴纳的，应当自纳税义务发生之日起 15 日内，向税务机关办理纳税申报并缴纳税款。

### （三）环境保护税的纳税地点

纳税人应当向应税污染物排放地的税务机关申报缴纳环境保护税。

## 任务十　解读车辆购置税法规

## 一、认识车辆购置税

车辆购置税是对在中华人民共和国境内购置应税车辆的单位和个人征收的一种税。

### （一）车辆购置税的征收范围

车辆购置税的征收范围包括汽车、有轨电车、汽车挂车、排气量超过 150 毫升的摩托车。

购置，包括购买、进口、自产、受赠、获奖或者以其他方式取得并自用应税车辆的行为。

车辆购置税实行一次性征收。购置已征车辆购置税的车辆，不再征收车辆购置税。

### （二）车辆购置税的纳税人

在中华人民共和国境内购置征税范围规定车辆的单位和个人，为车辆购置税的纳税人。

### （三）车辆购置税的税率

车辆购置税采用比例税率，税率为 10%。

### （四）车辆购置税的税收优惠

下列车辆免征车辆购置税。

（1）依照法律规定应当予以免税的外国驻华使馆、领事馆和国际组织驻华机构及其有关人员自用的车辆。

（2）中国人民解放军和中国人民武装警察部队列入装备订货计划的车辆。

（3）悬挂应急救援专用号牌的国家综合性消防救援车辆。

（4）设有固定装置的非运输专用作业车辆。

（5）城市公交企业购置的公共汽电车辆。

## 二、计算车辆购置税

### （一）计税依据

车辆购置税的计税价格根据不同情况，按照下列规定确定。

（1）纳税人购买自用应税车辆的计税价格，为纳税人实际支付给销售者的全部价款，不包括增值税税款。

（2）纳税人进口自用应税车辆的计税价格，为关税完税价格加上关税和消费税。计算公式如下。

$$计税价格=关税完税价格+关税+消费税$$

（3）纳税人自产自用应税车辆的计税价格，按照纳税人生产的同类应税车辆的销售价格确定，不包括增值税税款。

（4）纳税人以受赠、获奖或者其他方式取得自用应税车辆的计税价格，按照购置应税车辆时相关凭证载明的价格确定，不包括增值税税款。

### （二）应纳税额的计算

车辆购置税实行从价定率的办法计算应纳税额。应纳税额的计算公式如下。

$$应纳税额=计税价格×税率$$

**【例 8-11】**甲公司进口一辆小汽车自用，海关审核的关税完税价格 60 万元，甲公司按规定向海关缴纳了关税 15 万元、消费税 25 万元、增值税 13 万元。

**已知：**车辆购置税税率为 10%。

**要求：**计算甲公司进口自用小汽车应缴纳的车辆购置税税额。

**解析：**应缴纳的车辆购置税税额=（60+15+25）×10%=10（万元）

## 三、征收管理车辆购置税

### （一）车辆购置税的纳税义务发生时间

车辆购置税的纳税义务发生时间为纳税人购置应税车辆的当日。

### （二）车辆购置税的纳税期限

纳税人应当在向公安机关交通管理部门办理车辆登记注册前，缴纳车辆购置税。纳税人应当自纳税义务发生之日起 60 日内申报缴纳车辆购置税。

### （三）车辆购置税的纳税地点

纳税人购置应税车辆，应当向车辆登记地的主管税务机关申报缴纳车辆购置税；购置不需要办理车辆登记手续的应税车辆的，应当向纳税人所在地的主管税务机关申报缴纳车辆购置税。

**课后练习**

**一、单项选择题**

1. 根据城镇土地使用税法律制度的规定，下列用地中，应当缴纳城镇土地使用税的是（　　）。

    A. 市区公园用地　　　　　　　B. 工矿区的产品仓库用地

    C. 农村造纸厂用地　　　　　　D. 市政街道绿化地带用地

2. 甲公司为增值税一般纳税人，2023 年度自有生产用房原值 5 000 万元，账面已提折旧 2 000 万元，重新评估价值为 6 000 万元。已知从价计征房产税税率为 1.2%，当地政府规定的房产原值扣除比例为 30%。甲公司 2023 年度应缴纳的房产税税额为（　　　）万元。

A. 19.2　　　　B. 25.2　　　　C. 42　　　　D. 84

3. 根据车船税法律制度的规定，下列各项中，属于载货汽车计税依据的是（　　　）。

A. 排气量　　　　　　　　　B. 整备质量吨位

C. 净吨位　　　　　　　　　D. 购置价格

4. 根据印花税法律制度的规定，下列各项中，属于印花税纳税人的是（　　　）。

A. 合同的签订人　　　　　　B. 合同的担保人

C. 合同的证人　　　　　　　D. 合同的鉴定人

5. 根据耕地占用税法律制度的规定，获准占用耕地的单位或者个人耕地占用税的纳税期限是（　　　）。

A. 实际占用耕地之日起 15 日内

B. 实际占用耕地之日起 30 日内

C. 收到自然资源主管部门的书面通知之日起 15 日内

D. 收到自然资源主管部门的书面通知之日起 30 日内

6. 根据资源税法律制度的规定，下列各项中，属于资源税征税范围的是（　　　）。

A. 人造石油　　B. 砂石　　　　C. 蜂窝煤　　　D. 汽油

7. 甲房地产开发公司转让房地产取得收入 6 500 万元，扣除项目金额为 4 000 万元。已知适用土地增值税税率为 40%，速算扣除系数为 5%。甲房地产开发公司转让该房地产应缴纳的土地增值税税额为（　　　）万元。

A. 800　　　　　B. 1 200　　　　C. 2 400　　　　D. 2 800

8. 根据契税法律制度的规定，下列各项中，属于契税纳税人的是（　　　）。

A. 出租房屋的甲公司　　　　B. 受赠房屋权属的个体工商户

C. 出售房产的乙公司　　　　D. 继承父母汽车的李某

9. 根据环境保护税法律制度的规定，下列各项中，不属于环境保护税征税范围的是（　　　）。

A. 工业噪声　　　　　　　　B. 电磁辐射

C. 尾矿　　　　　　　　　　D. 冶炼渣

10. 根据车辆购置税法律制度的规定，下列车辆中，免征车辆购置税的是（  ）。

    A. 国家机关购买自用的小汽车

    B. 留学人员购买自用的小汽车

    C. 有突出贡献的专家购买自用的小汽车

    D. 国际组织驻华机构购买自用的小汽车

## 二、多项选择题

1. 根据城镇土地使用税法律制度的规定，下列关于城镇土地使用税纳税义务发生时间的表述中，正确的有（  ）。

    A. 纳税人购置新建商品房，自房屋交付使用之次月起缴纳城镇土地使用税

    B. 纳税人出租、出借房产，自交付出租、出借房产之次月起缴纳城镇土地使用税

    C. 纳税人新征用的耕地，自批准征用之次月起缴纳城镇土地使用税

    D. 纳税人新征用的非耕地，自批准征用之日起满 1 年时开始缴纳城镇土地使用税

2. 根据房产税法律制度的规定，下列各项中，属于房产税征税范围的有（  ）。

    A. 市区的商业大楼　　　　B. 独立于房屋之外的水塔

    C. 农村居民住宅　　　　　D. 独立于房屋之外的围墙

3. 根据车船税法律制度的规定，下列车船中，以"辆数"为车船税计税依据的有（  ）。

    A. 船舶　　　　　　　　　B. 摩托车

    C. 商用客车　　　　　　　D. 商用货车

4. 根据印花税法律制度的规定，下列各项中，属于印花税纳税人的有（  ）。

    A. 运输合同的订立人　　　B. 书立产权转移书据的单位

    C. 证券交易的受让方　　　D. 开立并使用营业账簿的单位

5. 根据耕地占用税法律制度的规定，下列各项中，免征耕地占用税的有（  ）。

    A. 公立学校教学楼占用耕地　　B. 铁路线路占用耕地

    C. 军事设施占用耕地　　　　　D. 水利工程占用耕地

6. 根据资源税法律制度的规定，下列各项中，属于资源税征税范围的有（　　）。

　　A. 航空煤油　　B. 原油　　　　C. 天然沥青　　D. 石煤

7. 根据土地增值税法律制度的规定，下列各项中，属于土地增值税纳税人的有（　　）。

　　A. 出租住房的李某　　　　　　B. 出售房地产的甲公司

　　C. 出售商铺的王某　　　　　　D. 继承房地产的张某

8. 根据契税法律制度的规定，下列个人中，属于契税纳税人的有（　　）。

　　A. 受让房屋权属的张某　　　　B. 受赠房屋权属的李某

　　C. 购买房屋的赵某　　　　　　D. 承租住房的王某

9. 根据环境保护税法律制度的规定，下列关于环境保护税计税依据的表述中，正确的有（　　）。

　　A. 应税大气污染物按照污染物排放量折合的污染当量数确定

　　B. 应税水污染物按照污染物排放量折合的污染当量数确定

　　C. 应税固体废物按照固体废物的排放量确定

　　D. 应税噪声按照超过国家规定标准的分贝数确定

10. 根据车辆购置税法律制度的规定，下列各项中，属于车辆购置税征收范围的有（　　）。

　　A. 有轨电车　　　　　　　　　B. 汽车

　　C. 汽车挂车　　　　　　　　　D. 排气量125毫升的摩托车

## 三、判断题

1. 公园、名胜古迹内的索道公司经营用地，不需要缴纳城镇土地使用税。

（　　）

2. 产权出典的，由承典人缴纳房产税。　　　　　　　　　　　　（　　）

3. 车船税纳税义务发生时间为取得车船所有权或者管理权的次月。（　　）

4. 个人与电子商务经营者订立的电子订单免征印花税。　　　　　（　　）

5. 耕地占用税由耕地所在地税务机关负责征收。　　　　　　　　（　　）

6. 资源税的纳税人包括进口原油的单位。　　　　　　　　　　　（　　）

7. 出让国有土地使用权的行为也需要缴纳土地增值税。　　　　　（　　）

8. 婚姻关系存续期间夫妻之间变更土地、房屋权属免征契税。　　（　　）

9. 纳税人应当向机构所在地的税务机关申报缴纳环境保护税。　　（　　）

10. 进口自用的应税车辆，车辆购置税由海关负责征收。　　　　（　　）

## 盐税发展史

自我们的祖先进入农耕经济后，饮食结构发生了改变。人类生理所需的盐分，由从动物血液中补充，开始转向从食盐中获取。食盐的重要性瞬间提升，开始成为生活必需品。并且，由于地理环境和技术条件的制约，食盐的生产规模相当有限，因而早期社会十分关注自然盐。

夏王朝建立后，便有"因田制赋，任土作贡"，即根据各地资源产出情况不同，需要向天子上贡不同的资源。哪里的土地粮食高产，哪里便需要上贡粮食；哪里的畜牧业发达，哪里便需要上贡牲口；而产盐的地方，在对天子上贡的物品中，自然包括盐。这种对天子的上贡，一般认为是赋税的原型，而对天子的贡盐，便是盐税的雏形。

在春秋战国时期，齐国管仲认为，对百姓应取之有度，"民予则喜，夺则怒"，强制征税自然会招致百姓不满，而若将赋税加到向百姓销售的生活必需品的价格中，则可收税于无形。基于此观点提出了由官府统一收购盐、铁，并垄断经营，将赋税加到盐、铁的价格中，便可使人民避免不了征税而又感觉不到征税，齐桓公采纳了管仲的建议并开始推行。至此，盐税基本形成。

到了汉朝初期，由于当时民生凋敝，百业待兴，为刺激经济，开始允许盐、铁民营。朝廷体恤百姓，不与民争利，但商人们可不这么想，这一政策使盐、铁商人富比王侯，严重威胁到中央政权与社会安定。后来汉武帝迫于政治和财政压力，又下令实施盐、铁官营政策，由国家垄断盐、铁的生产销售。在此之后，虽有过几次短暂的免盐税时期，但大体上各朝各国的食盐时而由官府专卖，时而由商人贩卖，没有定制，唯一不变的就是盐税一直都是政府财政收入的重要部分。

我国一直到 1994 年进行税制改革，将盐税列入资源税税目征收资源税，并规定盐的资源税一律在出厂环节由生产者缴纳。此后，便不再有专门的"盐税"，而是以资源税的名目保留至今。